广东乡村振兴典型案例系列丛书

林业促进
乡村振兴的
实践探索

高岚　林超　郑彬　编著

中国农业出版社
北　京

总序

　　党的十九大"乡村振兴"战略的提出，标志着我国现代化建设进入了新阶段。这也是中国特色社会主义进入新时代在"三农"领域的具体体现。为加快实现乡村振兴，各地区、各部门按照中央的战略部署和顶层设计，凝心聚力、大胆创新、真抓实干，掀起了一个又一个高潮；涌现了大量的典型案例，探索了行之有效的多样化模式。

　　各种各样的实践模式，既体现了乡村振兴的一般性规律，也反映了各地区在体制机制、资源禀赋和经济社会发展水平等方面的差异。各种模式，在制度安排、运行机制、生成机理、驱动因素以及绩效、发展前景和政策诉求等方面，都有着自身特点。针对上述重要领域，以案例形式开展学术研究，比较其共同点与差异性等，总结公有制社会和"大国小农"基本农情背景下乡村振兴的制度、道路、文化等方面所承载的一般性和特殊性，在理论上可以丰富、拓展乃至于超越发展经济学、农业经济学等相关学科，在实践中可以使乡村振兴发展得更快、更好。

　　作为改革开放前沿阵地和大湾区主阵地的广东，其城乡关系在某种程度上是中国的一个缩影。广东乡村的全面振兴，不但关系到广东能否率先基本实现现代化，也是有利于落实习近平总书记对广东"四个走在全国前列"和"两个重要窗口"等目标要求。以案例形式深入研究广东乡村振兴的典型模式，既可以检验和拓展相关理论，也可以在实践方面指导广东乡村振兴，同时也可以对兄弟省份提供经验借鉴。基于上述考虑，我们策划了《广东乡村振兴典型案例系列丛书》，以飨读者。由于水平和能力有限，也恳请各位批评指正。

华南农业大学经济管理学院　米运生

目　录

目　录

附录 / 163

第一部分　乡村振兴战略

党的十九大提出实施乡村振兴战略，是以习近平同志为核心的党中央着眼于党和国家事业全局，深刻把握现代化建设规律和城乡关系变化特征，顺应亿万农民对美好生活的向往，对"三农"工作作出的重大决策部署，是决胜全面建成小康社会、全面建设社会主义现代化国家的重大历史任务，是新时代做好"三农"工作的总抓手。从党的十九大到党的二十大，是"两个一百年"奋斗目标的历史交汇期，既要全面建成小康社会、实现第一个百年奋斗目标，又要乘势而上开启全面建设社会主义现代化国家新征程，向第二个百年奋斗目标进军。为贯彻落实党的十九大、中央经济工作会议、中央农村工作会议精神和政府工作报告要求，描绘好战略蓝图，强化规划引领，科学有序推动乡村产业、人才、文化、生态和组织振兴，中共中央、国务院印发了《乡村振兴战略规划（2018—2022 年）》。

一、乡村振兴战略的意义与基础

（一）乡村振兴战略的意义

乡村是具有自然、社会、经济特征的地域综合体，兼具生产、生活、生态、文化等多重功能，与城镇互促互进、共生共存，共同构成人类活动的主要空间。乡村兴则国家兴，乡村衰则国家衰。我国人民日益增长的美好生活需要和不平衡不充分的发展之间的矛盾在乡村最为突出，我国仍处于并将长期处于社会主义初级阶段的特征很大程度上表现在乡村。全面建成小康社会和全面建设社会主义现代化强国，最艰巨最繁重的任务在农村，最广泛最深厚的基础在农村，最大的潜力和后劲也在农村。实施乡村振兴战略，是解决新时代我国社会主要矛盾、实现"两个一百年"奋斗目标和中华民族伟大复兴中国梦的必然要求，具有重大现实意义和深远历史意义。

实施乡村振兴战略是建设现代化经济体系的重要基础。农业是国民经济的基础，农村经济是现代化经济体系的重要组成部分。乡村振兴，产业兴旺是重点。实施乡村振兴战略，深化农业供给侧结构性改革，构建现代农业产业体系、生产体系、经营体系，实现农村一二三产业深度融合发展，有利于推动农业从增产导向转向提质导向，增强我国农业创新力和竞争力，为建设现代化经济体系奠定坚实基础。

实施乡村振兴战略是建设美丽中国的关键举措。农业是生态产品的重要供给者，乡村是生态涵养的主体区，生态是乡村最大的发展优势。乡村振兴，生态宜居是关键。实施乡村振兴战略，统筹山水林田湖草系统治理，加快推行乡村绿色发展方式，加强农村人居环境整治，有利于构建人与自然和谐共生的乡村发展新格局，实现百姓富、生态美的统一。

实施乡村振兴战略是传承中华优秀传统文化的有效途径。中华文明根植于农耕文化，乡村是中华文明的基本载体。乡村振兴，乡风文明是保障。实施乡村振兴战略，深入挖掘农耕文化蕴含的优秀思想观念、人文精神、道德规范，结合时代要求在保护传承的基础上创造性转化、创新性发展，有利于在新时代焕发出乡风文明的新气象，进一步丰富和传承中华优秀传统文化。

实施乡村振兴战略是健全现代社会治理格局的固本之策。社会治理的基础在基层，薄弱环节在乡村。乡村振兴，治理有效是基础。实施乡村振兴战略，加强农村基层基础工作，健全乡村治理体系，确保广大农民安居乐业、农村社会安定有序，有利于打造共建共治共享的现代社会治理格局，推进国家治理体系和治理能力现代化。

实施乡村振兴战略是实现全体人民共同富裕的必然选择。农业强不强、农村美不美、农民富不富，关乎亿万农民的获得感、幸福感、安全感，关乎全面建成小康社会全局。乡村振兴，生活富裕是根本。实施乡村振兴战略，不断拓宽农民增收渠道，全面改善农村生产生活条件，促进社会公平正义，有利于增进农民福祉，让亿万农民走上共同富裕的道路，汇聚起建设社会主义现代化强国的磅礴力量。

（二）乡村振兴战略的基础

党的十八大以来，面对我国经济发展进入新常态带来的深刻变化，以习近平同志为核心的党中央推动"三农"工作理论创新、实践创新、制度创新，坚持把解决好"三农"问题作为全党工作重中之重，切实把农业农村优先发展落到实处；坚持立足国内保证自给的方针，牢牢把握国家粮食安全主动权；坚持不断深化农村改革，激发农村发展新活力；坚持把推进农业供给侧结构性改革作为主线，加快提高农业供给质量；坚持绿色生态导向，推动农业农村可持续发展；坚持在发展中保障和改善民生，让广大农民有更多获得感；坚持遵循乡村发展规律，扎实推进生态宜居的美丽乡村建设；坚持加强和改善党对农村工作的领导，为"三农"发展提供坚强政治保障。这些重大举措和开创性工作，推动农业农村发展取得历史性成就、发生历史性变革，为党和国家事业全面开创新局面提供了有力支撑。

农业供给侧结构性改革取得新进展，农业综合生产能力明显增强，全国粮食总产量近 5 年连续保持在 1.2 万亿斤*以上，农业结构不断优化，农村新产业新业态新模式蓬勃发展，农业生态环境恶化问题得到初步遏制，农业生产经营方式发生重大变化。农村改革取得新突破，农村土地制度、农村集体产权制度改革稳步推进，重要农产品收储制度改革取得实质性成效，农村创新创业和投资兴业蔚然成风，农村发展新动能

---

* 斤为非法定计量单位，1 斤＝500 克。——编者注

加快成长。城乡发展一体化迈出新步伐，近5年间8 000多万农业转移人口成为城镇居民，城乡居民收入相对差距缩小，农村消费持续增长，农民收入和生活水平明显提高。脱贫攻坚开创新局面，贫困地区农民收入增速持续快于全国平均水平，集中连片特困地区内生发展动力明显增强，过去5年累计6 800多万贫困人口脱贫。农村公共服务和社会事业达到新水平，农村基础设施建设不断加强，人居环境整治加快推进，教育、医疗卫生、文化等社会事业快速发展，农村社会焕发新气象。

同时，也应当清醒地看到，当前我国农业农村基础差、底子薄、发展滞后的状况尚未根本改变，经济社会发展中最明显的短板仍然在"三农"，现代化建设中最薄弱的环节仍然是农业农村。主要表现在：农产品阶段性供过于求和供给不足并存，农村一二三产业融合发展深度不够，农业供给质量和效益亟待提高；农民适应生产力发展和市场竞争的能力不足，农村人才匮乏；农村基础设施建设仍然滞后，农村环境和生态问题比较突出，乡村发展整体水平亟待提升；农村民生领域欠账较多，城乡基本公共服务和收入水平差距仍然较大，脱贫攻坚任务依然艰巨；国家支农体系相对薄弱，农村金融改革任务繁重，城乡之间要素合理流动机制亟待健全；农村基层基础工作存在薄弱环节，乡村治理体系和治理能力亟待强化。

（三）乡村振兴战略的发展态势

从2018年到2022年，是实施乡村振兴战略的第一个5年，既有难得机遇，又面临严峻挑战。从国际环境看，全球经济复苏态势有望延续，我国统筹利用国内国际两个市场两种资源的空间将进一步拓展，同时国际农产品贸易不稳定性不确定性仍然突出，提高我国农业竞争力、妥善应对国际市场风险任务紧迫。特别是我国作为人口大国，粮食及重要农产品需求仍将刚性增长，保障国家粮食安全始终是头等大事。从国内形势看，随着我国经济由高速增长阶段转向高质量发展阶段，以及工业化、城镇化、信息化深入推进，乡村发展将处于大变革、大转型的关键时期。居民消费结构加快升级，中高端、多元化、个性化消费需求将快速增长，加快推进农业由增产导向转向提质导向是必然要求。我国城镇化进入快速发展与质量提升的新阶段，城市辐射带动农村的能力进一步增强，但大量农民仍然生活在农村的国情不会改变，迫切需要重塑城乡关系。我国乡村差异显著，多样性分化的趋势仍将延续，乡村的独特价值和多元功能将进一步得到发掘和拓展，同时应对好村庄空心化和农村老龄化、延续乡村文化血脉、完善乡村治理体系的任务艰巨。

实施乡村振兴战略具备较好条件。有习近平总书记把舵定向，有党中央、国务院的高度重视、坚强领导、科学决策，实施乡村振兴战略写入党章，成为全党的共同意志，乡村振兴具有根本政治保障。社会主义制度能够集中力量办大事，强农惠农富农政策力度不断加大，农村土地集体所有制和双层经营体制不断完善，乡村振兴具有坚强制度保障。优秀农耕文明源远流长，寻根溯源的人文情怀和国人的乡村情结历久弥深，现代城市文明导入融汇，乡村振兴具有深厚文化土壤。国家经济实力和综合国力日益增强，对农业农村支持力度不断加大，农村生产生活条件加快改善，农民收入持续增长，乡村振兴具有雄厚物质基础。农业现代化和社会主义新农村建设取得历史性成就，各地积累了丰富的成功经验和做法，乡村振兴具有扎实工作基础。

实施乡村振兴战略，是党对"三农"工作一系列方针政策的继承和发展，是亿万农民的殷切期盼。必须抓住机遇，迎接挑战，发挥优势，顺势而为，努力开创农业农村发展新局面，推动农业全面升级、农村全面进步、农民全面发展，谱写新时代乡村全面振兴新篇章。

二、乡村振兴战略的指导思想和基本原则

（一）乡村振兴战略的指导思想

深入贯彻习近平新时代中国特色社会主义思想和党的十九大及十九

届二中、三中全会精神，加强党对"三农"工作的全面领导，坚持稳中求进工作总基调，牢固树立新发展理念，落实高质量发展要求，紧紧围绕统筹推进"五位一体"总体布局和协调推进"四个全面"战略布局，坚持把解决好"三农"问题作为全党工作重中之重，坚持农业农村优先发展，按照产业兴旺、生态宜居、乡风文明、治理有效、生活富裕的总要求，建立健全城乡融合发展体制机制和政策体系，统筹推进农村经济建设、政治建设、文化建设、社会建设、生态文明建设和党的建设，加快推进乡村治理体系和治理能力现代化，加快推进农业农村现代化，走中国特色社会主义乡村振兴道路，让农业成为有奔头的产业，让农民成为有吸引力的职业，让农村成为安居乐业的美丽家园。

（二）乡村振兴战略的基本原则

坚持党管农村工作。毫不动摇地坚持和加强党对农村工作的领导，健全党管农村工作的领导体制机制和党内法规，确保党在农村工作中始终总揽全局、协调各方，为乡村振兴提供坚强有力的政治保障。

坚持农业农村优先发展。把实现乡村振兴作为全党的共同意志、共同行动，做到认识统一、步调一致，在干部配备上优先考虑，在要素配置上优先满足，在资金投入上优先保障，在公共服务上优先安排，加快补齐农业农村短板。

坚持农民主体地位。充分尊重农民意愿，切实发挥农民在乡村振兴中的主体作用，调动亿万农民的积极性、主动性、创造性，把维护农民群众根本利益、促进农民共同富裕作为出发点和落脚点，促进农民持续增收，不断提升农民的获得感、幸福感、安全感。

坚持乡村全面振兴。准确把握乡村振兴的科学内涵，挖掘乡村多种功能和价值，统筹谋划农村经济建设、政治建设、文化建设、社会建设、生态文明建设和党的建设，注重协同性、关联性，整体部署，协调推进。

坚持城乡融合发展。坚决破除体制机制弊端，使市场在资源配置中起决定性作用，更好发挥政府作用，推动城乡要素自由流动、平等交换，推动新型工业化、信息化、城镇化、农业现代化同步发展，加快形成工农互促、城乡互补、全面融合、共同繁荣的新型工农城乡关系。

坚持人与自然和谐共生。牢固树立和践行绿水青山就是金山银山的理念，落实节约优先、保护优先、自然恢复为主的方针，统筹山水林田湖草系统治理，严守生态保护红线，以绿色发展引领乡村振兴。

坚持改革创新、激发活力。不断深化农村改革，扩大农业对外开放，激活主体、激活要素、激活市场，调动各方力量投身乡村振兴。以科技创新引领和支撑乡村振兴，以人才汇聚推动和保障乡村振兴，增强农业农村自我发展动力。

坚持因地制宜、循序渐进。科学把握乡村的差异性和发展走势分化特征，做好顶层设计，注重规划先行、因势利导，分类施策、突出重点，体现特色、丰富多彩。既尽力而为，又量力而行，不搞层层加码，不搞"一刀切"，不搞形式主义和形象工程，久久为功，扎实推进。

三、乡村振兴战略发展目标及远景谋划

（一）乡村振兴战略的发展目标

我国乡村振兴战略的发展目标是到 2020 年，乡村振兴的制度框架和政策体系基本形成，各地区各部门乡村振兴的思路举措得以确立，全面建成小康社会的目标如期实现。到 2022 年，乡村振兴的制度框架和政策体系初步健全。国家粮食安全保障水平进一步提高，现代农业体系初步构建，农业绿色发展全面推进；农村一二三产业融合发展格局初步形成，乡村产业加快发展，农民收入水平进一步提高，脱贫攻坚成果得到进一步巩固；农村基础设施条件持续改善，城乡统一的社会保障制度体系基本建立；农村人居环境显著改善，生态宜居的美丽乡村建设扎实推进；城乡融合发展体制机制初步建立，农村基本公共服务水平进一步

提升；乡村优秀传统文化得以传承和发展，农民精神文化生活需求基本得到满足；以党组织为核心的农村基层组织建设明显加强，乡村治理能力进一步提升，现代乡村治理体系初步构建。探索形成一批各具特色的乡村振兴模式和经验，乡村振兴取得阶段性成果。

（二）乡村振兴战略的远景谋划

到 2035 年，乡村振兴取得决定性进展，农业农村现代化基本实现。农业结构得到根本性改善，农民就业质量显著提高，相对贫困进一步缓解，共同富裕迈出坚实步伐；城乡基本公共服务均等化基本实现，城乡融合发展体制机制更加完善；乡风文明达到新高度，乡村治理体系更加完善；农村生态环境根本好转，生态宜居的美丽乡村基本实现。

到 2050 年，乡村全面振兴，农业强、农村美、农民富全面实现。

第二部分　我国林业与乡村振兴

一、林业发展概况

林业是我国国民经济的重要组成部分，是兼具生态效益、社会效益和经济效益的特殊产业，林业对于我国经济社会的发展、生态平衡的维护具有重要作用。我国虽然拥有丰富的森林资源，是世界木材以及木制品生产大国，但人均占有及可供消费的森林资源却非常稀少。1998 年实施天然林保护工程以来，我国采取逐年减伐措施，积极开展造林绿化活动，森林覆盖面积逐年提升。2018 年全国共完成造林 729.95 万公顷，完成森林抚育面积 867.60 万公顷。截至 2018 年，我国森林覆盖率达 22.96%，森林蓄积量达 175.60 亿立方米。

目前，我国林业总产值稳步增长，产业结构不断优化。2018 年林业总产值达到 76 272 亿元（按照现行价格计算），比 2017 年增长7.02%。东部地区林业产业总产值为 33 114 亿元，中部地区为 19 606亿元，西部地区为 19 488 亿元，东北地区为 4 064 亿元。受全国经济形势的影响，我国各地区林业产业总产值增速放缓，但中、西部地区增长势头仍然强劲，增速分别为 8.84% 和 12.04%，东部地区林业产业总产值居于全国首位，占全国林业产业总产值的 43.42%；受国有林区天然林商业采伐全面停止以及森工企业转型的影响，东北地区的林业产业总产值连续 4 年出现负增长。

从林业产业结构来看，我国林业支柱产业主要包括经济林产品种植与采集业、木材加工及木竹制品制造业和以森林旅游为主的林业旅游与休闲服务业林业，2018 年产值分别达到 14 492 亿元、12 816 亿元和

13 044 亿元。林业三次产业总产值以及增速如表 2-1 所示，第二产业产值达到 34 996 亿元，占据最大比例，但以森林旅游为主的林业第三产业增速最高，林业旅游与休闲服务业产值增速达到 15.38%。林业三次产业结构比由 2017 年的 33：48：19 调整为 2018 年的 32：46：22。

表 2-1 2018 年林业三次产业产值及增速

指标	产值（亿元）	同比增长（%）	所占比重（%）
第一产业	24 581	5.21	32.23
第二产业	34 996	3.07	45.88
第三产业	16 696	19.69	21.89

来源：2018 年全国林业和草原发展统计公报。

2018 年我国商品材产量达到 8 811 万立方米，同比增长 4.92%，非商品材（包括农民自用材和农民烧材）产量为 2 087.64 万立方米。其他林产品中，大径竹产量 31.55 亿根，同比增长 15.99%，其中毛竹产量为 16.95 亿根，村及村以下各级组织和农民个人生产的大径竹产量达到 16.39 亿根，竹产业产值达到 2 456 亿元。2018 年全国各类经济林产品产量达到 1.81 亿吨，比 2017 年减少 3.72%，其中水果产量为 14 915 万吨，干果产量为 1 163 万吨，林产饮料产量为 247 万吨，花椒、八角等林产调料产量为 83 万吨，食用菌、竹笋干等森林食品产量为 383 万吨，杜仲、枸杞等木本药材产量为 364 万吨，核桃、油茶等木本油料产量为 677 万吨，松脂、油桐等林产工业原料产量为 248 万吨，木本油料产品产量增长较快。2018 年花卉种植面积为 163 万公顷，花卉及观赏苗木产业产值达到 2 614 亿元。全国人造板产量为 29 909 万立方米，同比增长 1.43%，其中胶合板产量为 17 898 万立方米，纤维板产量为 6 168 万立方米，刨花板产量为 2 732 万立方米，其他人造板产量为 3 111 万立方米。2018 年木竹地板产量为 7.89 亿平方米，同比减少 4.44%，其中实木地板产量为 1.17 亿平方米，实木复合地板产量为 2.03 亿平方米，强化木地板产量为 3.94 亿平方米，竹地板等其他地板产量为 7 493 万平方米。2018 年全国松香类产品产量为 142 万吨，同比

减少 14.46％，松节油类产品产量为 24 万吨，樟脑产量为 1.9 万吨，栲
胶类产品产量为 3 165 吨，木炭、竹炭等木竹热解产品产量为 146 万
吨。2018 年全国林业旅游与休闲人数达到 36.6 亿人次，与 2017 年相
比增加 5.6 亿人次。

二、林业发展机遇

（一）党中央　国务院高度重视林业发展

近年来党中央、国务院更加重视林业，习近平总书记对生态文明建
设和林业改革发展作出了一系列重要指示批示，特别指出，林业建设是
事关经济社会可持续发展的根本性问题。习近平总书记强调，森林关系
国家生态安全，要加强森林生态安全建设，着力推进国土绿化，着力提
高森林质量，着力开展森林城市建设，着力建设国家公园。习近平总书
记指出，发展林业是全面建成小康社会的重要内容，是生态文明建设的
重要举措；要多种树、种好树、管好树，让大地山川绿起来，让人民群
众生活环境美起来。森林作为陆地生态的主体、自然生态系统的顶层、
国家民族最大的生存资本，在全面建成小康社会和建设生态文明中的地
位作用更加凸显。林业是构建生态安全屏障的重要支柱，是建设美丽中
国的重要内容。围绕保生态守红线、兴林富民惠民，党中央、国务院制
定出台了一系列政策措施，着重强调或专门部署了生态文明建设和林业
改革工作，有力推动了林业发展。森林覆盖率和蓄积量成为国家经济社
会发展的约束性指标，林业建设和生态保护成为党政领导干部政绩考核
的重要内容。

（二）林业发展新使命

坚持绿色发展，是我国发展理论的重大创举，是对我国国情和世界
发展潮流准确深刻把握作出的战略抉择。绿色发展迫切要求林业承担起

筑牢生态安全屏障、夯实生态根基的重大使命，加大力度保护和修复自然生态系统，从根本上扭转生态环境恶化趋势，保障国家生态安全，增强减缓和适应气候变化能力。绿色发展迫切要求林业承担起创造绿色财富、积累生态资本的重大使命，提供更多优质的生态产品，不断提高森林、湿地、荒漠、生物多样性等生态服务价值和公共服务能力。绿色发展迫切要求林业承担起引领绿色理念、繁荣生态文化的重大使命，大力提升保护森林、爱护动物、亲近自然的生态意识，培育公民生态价值观，推动全社会形成绿色循环低碳的发展方式和生活方式，努力创造人与自然和谐共生的人文财富，为建设美丽中国与乡村全面振兴作出新贡献。

（三）林业发展新任务

良好生态环境是提高人民生活水平、改善人民生活质量、提升人民幸福感的基础和保障，是最公平的公共产品和最普惠的民生福祉，是全面建成小康社会的必然要求。广大人民群众由过去"求生存"到现在"求生态"，由过去"盼温饱"到现在"盼环保"，由过去"要硬化"到现在"要绿化"。这就要求，林业建设要把保护生态环境、提供优质生态产品、增加生态福祉作为出发点和落脚点，充分发挥林业强大生态功能，努力为人民群众营造天蓝、地绿、水净的美好家园。全面建成小康社会的难点重点在山区林区沙区，这些地区属于集中连片特殊困难地区，也是重点生态功能区，依靠传统产业脱贫难。林业具有进入门槛低、产业链条长、就业容量大、收益可持续的优势，脱贫增收潜力巨大。加强生态建设，发展生态产业，实行生态补偿，对生态特别重要和脆弱的地区实行生态保护扶贫，实现林业精准扶贫、精准脱贫，补齐短板。

（四）林业发展新要求

我国经济发展已经进入由高速增长转向中高速增长的新常态，以"一带一路"建设、京津冀协同发展、长江经济带建设为引领的区域发展空间逐步形成，贯彻落实新发展理念、适应把握引领经济发展新常态，坚持以人民为中心的发展思想，推进供给侧结构性改革，其中一项重大任务就是为人民提供更多优质生态产品。当前，林业建设进入数量增速换挡、质量亟待提高的转型升级关键时期，加强供给侧改革和生态提速增质是新时期对林业改革发展的新要求。供给侧改革要求林业增加多元投入，加强生态保护修复，大力发展绿色产业，既要切实打好还欠账、增容量、提质量的生态攻坚战，也要增加经济总量、丰富优质生态产品和林产品供应，为稳增长、满足社会需求作出积极贡献。供给侧改革要求林业强化创新驱动，培育发展新动力，拓展发展新空间，构建发展新体制，实现提质增效。供给侧改革要求林业加快建立生态文明法律制度，用严格的法律制度保护生态环境。供给侧改革要求林业厘清政府和市场权责，加强中央事权和支出责任，更好地发挥政府在生态建设中的重要作用，充分发挥市场在资源配置中的决定性作用。

三、林业发展困难与挑战

我国生态资源稀缺，生态系统退化严重，偿还欠债、守住存量、扩大增量的任务十分艰巨。

（一）生态修复难度增大

中国经过 30 多年大规模造林绿化，可造林地的结构和分布发生了显著变化。全国宜林地、疏林地以及需要退耕的坡耕地、严重沙化耕地等潜在可造林地有 67％分布在华北、西北干旱、半干旱地区，有 12％分布在南方岩溶石漠化地区，自然立地条件差，造林成林越来越困难，土地已经成为加快林业建设的主要制约因素；加之传统的劳动力、土地等投入要素优势逐步丧失，造林抚育用工短缺，劳动力和用地成本不断上涨，一些地方甚至出现了造林任务分解难、落实难等问题。同时，林业发展方式较为粗放，重面上覆盖、轻点上突破，重挖坑栽树、轻经营

13

管理，重数量增长、轻质量提升，重单一措施、轻综合治理，造成森林结构纯林化、生态系统低质化、生态功能低效化、自然景观人工化趋势加剧。全国森林单位面积蓄积量只有全球平均水平的 78%，纯林和过疏过密林分所占比例较大，森林年净生长量仅相当于林业发达国家的一半左右。

（二）资源保护压力加大

随着经济社会发展和城镇化推进，一些地区林业资源破坏严重，保护的压力持续增加，出现了森林破碎化、湿地消失、物种灭绝等生态问题。沙化和石漠化土地占国土面积近 20%，有 900 多种脊椎动物、3 700 多种高等植物受到生存威胁，过去 10 年年均发生森林火灾 7 600 多起，森林病虫害发生面积 1.75 亿亩*以上，全面保护天然林的任务十分繁重。生态空间受到严重挤压，生态承载力已经接近或超过临界点。生态危机不仅导致越来越多的健康问题、经济问题，还会成为引发社会矛盾的燃点。生态破坏严重、生态灾害频繁、生态压力巨大已成为全面建成小康社会的大瓶颈。

（三）体制机制缺乏活力

体制不顺、机制不活、产权界定不清是制约林业发展的深层次问题。国有林区和国有林场改革刚刚起步，面临困难较多，历史包袱沉重，改革动力不足，融入当地经济社会发展进程滞后，存在职工收入偏低、社会保障薄弱、产业转型困难等问题。集体林权制度改革存在经营权落实不到位、处置权设置不完整等问题，规模经营和新型经营主体发育迟缓，集约化、专业化、组织化、社会化程度不高。产权模式落后，投融资机制不活，社会资本进入困难，改革红利远未释放。

---

* 亩为非法定计量单位，1 亩≈667 平方米。——编者注

14

（四）林业产品供给能力不足

森林、湿地等自然生态系统的生态产品供给和生态公共服务能力，与人民群众期盼相比还有很大差距。生态空间、生产空间、生活空间错配突出，人口密集区生态承载力不足，人们对身边增绿、社区休憩、森林康养的需求越来越迫切。生态体验设施缺乏，森林湿地难以感知，生态资源还未有效转化为优质的生态产品和公共服务，生态服务价值未充分显化和量化，我国生态服务已经成为与发达国家的最大差距。木材作为国家经济社会发展和人民生活不可或缺的战略物资，国内供应能力严重不足，对外依存度高；木本油料、森林食品、林药等非木林产品供需矛盾突出，高附加值产品比重低，林业巨大的生产潜力没有充分发挥。

（五）基础设施装备落后

我国相对集中连片的林区多位于老少边穷岛等地区，林区道路、供电、饮水、通信等基础设施建设和公共事业长期落后，多未纳入当地经济社会发展规划及投资计划，相关扶持政策难以落实，自我发展和更新能力丧失。林业生产机械化程度低，森林防火、野生动植物保护、资源管理、林业执法、有害生物防治等现代装备手段落后，协同创新平台和国家重点实验室严重缺乏，高新实用技术成果推广应用不足，品种创新和技术研发能力不高，科技进步贡献率远低于林业发达国家水平，林业人才队伍薄弱，基层站所基础设施装备落后。

四、林业在乡村振兴中的实践

林业作为国家重要的公益事业和基础产业，在国民经济发展以及国家生态建设中具有重要作用，乡村振兴战略的总体目标要求"产业兴旺、生态宜居、乡风文明、治理有效、生活富裕"，均与林业有着紧密的联系。我国拥有面积广阔的林区，林草部门所管辖的林地、草原、湿地、沙地占乡村总面积的 55% 以上，林业收入是农村重要的收入来源，林业的发展有助于"三农"问题的解决。林业在乡村振兴中具有不可替代的地位：乡村产业兴旺需要发达的林业产业体系，乡村生态宜居需要完备的林业生态体系，乡村乡风文明需要繁荣的生态文化体系，乡村治理有效需要深化林业改革和强化法制建设，乡村生活富裕需要广辟群众增收致富渠道。

产业兴旺是实现乡村振兴的重点。林业涵盖范围广泛，产业链条长，产品种类繁多，资源可再生，大力发展林业产业既符合习总书记提出的"绿水青山就是金山银山"的绿色发展理念，又能有效增加收入，提供就业，促进农民富裕。近年来，我国林业产业规模不断壮大，产业实力逐渐增强，乡村振兴战略对加快发展现代林业、实施兴林富农提出了明确要求。因此，要打造出具有地域特色和品牌效应的林业特色产业，大力发展林下种植、林下养殖、林下采集及森林旅游等产业，充分利用林地资源，构建发达的林业产业体系；加强制度创新，促进林地流转，培育新型经营主体，推动林业向专业化、标准化、规模化、股份合作化经营转变，促进林业产业适度规模经营，从根本上改变小农经济发展模式，走龙头带动、集群发展、规模经营的道路。

生态宜居是实现乡村振兴的关键。现代工业以及长期以增长为首要目标的农业严重破坏了乡村的生态环境，工业废水、白色垃圾、酸雨、雾霾等环境问题日趋严峻。要想使乡村恢复往日的宁静、和谐、秀美，需要践行绿水青山就是金山银山的绿色发展理念，统筹山水林田湖草系统的治理，加快转变生产生活方式，推动乡村生态振兴。林业作为生态产品的主要提供者，掌管着"地球之肺"——森林，以及"地球之肾"——湿地，是生态建设的主力军，在建设生态宜居的乡村环境中肩负着重要使命。应坚持封山育林育草、退耕还林还草、禁止毁林开垦、强化营林造林等措施，充分发挥森林和湿地在水源涵养、水土保持、防风固沙、净化空气和水体等方面的重要作用，改善乡村居民的生活环境；因地制宜开展环村林、护路林、护岸林、风景林、康养林、休憩林、农田（牧场）林网等建设，加强平原绿化，推进乡村绿道、森林步道、森林古道的建设，打造系统化特色化的绿色生态网络，建设成生活环境整洁优美、生态系统稳定健康、人与自然和谐共生的生态宜居美丽乡村。

乡风文明是实现乡村振兴的保障。良好的乡村风貌不仅要求经济发展、居民生活富足，更要求生活环境优美，居民行为文明、心态平和。生态文明则是以人与自然、人与人、人与社会和谐共生、全面发展为基本宗旨的社会形态，是人类为保护和建设美好生态环境而取得的物质成果、精神成果和制度成果的总和，反映了一个社会的文明进步状态。而林业文化是我国乡村文化的重要组成部分（陈伟，2019），林业的发展能够有效保护森林、草原、湿地，维护生物多样性，维持生态平衡，缓解土地沙漠化和全球气候恶化等生态问题，改善乡村的生态环境，为乡村经济可持续发展、乡村人民安居乐业打下基础，因此林业是生态文明建设的基础，应通过建设繁荣的林业文化体系，促进生态文明建设，带动乡村风貌向好发展。首先，乡风文明需要秀美的乡村景色及整洁的生活环境，通过绿化村庄和宜林荒山、发展高效的林业产业、保护古树名木等措施，建设繁荣的林业文化体系，可以实现乡村环境的和谐优美，弘扬生态文化，帮助居民形成良好的生态道德意识；其次，乡风文明需要林农整体素质的提高，通过加大对林农的培训、教育力度，使其掌握林业生产新技术、生态环境保护、特色产业与主导产业等方面的知识，了解林业政策，积极倡导文明的生产生活方式，推动林业向产业化发展；再次，乡风文明需要发扬务林人艰苦奋斗的美德以及崇尚自然的质朴情怀，各级林业部门充分挖掘和宣传林业行业的先进事迹，弘扬优秀的林业传统文化，不断丰富乡风文明的精神内涵，用优秀的生态文化和林业行业精神对乡村居民起到教育作用。

治理有效是实现乡村振兴的基础。林区孕育着丰厚的自然资源，是非法开采、猎捕及违禁物品生产等违法犯罪活动的多发地，同时林区存在地广人稀、交通不便、信息闭塞的问题，容易成为社会治理的盲区死角，因此林区社会的治理是乡村治理的重难点。应深化林权制度改革，实现"山定权，树定根，人定心"，大力推进林区承包地"三权"分置制度，完善森林资源抵押贷款制度，引导林业生产要素合理有序流动，实现林业适度经营；完善森林保险制度，构建林区作物、野生动物致害保险机制，降低林区群众因灾损失和风险；健全以《森林法》为龙头的林业法制体系，充分发挥森林公安维护森林资源安全、林区社会秩序的职能，深入广泛开展普法教育，提高农民法制素养，结合森林防火等资源保护工作，加强林区"天网"工程建设，整合完善生态管护队伍，提升林区社会治理能力。

生活富裕是实现乡村振兴的根本。林业是林区群众收入的重要来源，也是乡村群众增收致富的重要渠道。林业的发展，能够为林区群众提供更加丰富的物质，能够将林区群众手中的大量林业资源充分盘活，增加林区群众的收入，同时使乡村精神风貌更加健康积极，生产、生活环境更加优美，可以说实现乡村生活富裕，林业部门发挥着重要的支撑作用。因此，为促进林农增收和农村劳动力的转移，应鼓励林业生产技术的创新，积极开展技术下乡、实践进户，提升林农的生产技能；因地制宜发展个体特色种植业、养殖业，培养特色林业企业，实现企业与林农草农互补互利。应加大对造林绿化、生态修复、资源保护的资金投入，让群众通过劳务获得报酬；加强科技信息服务，指导和帮助群众把握市场规律，提升产品品质，提高生产能力，畅通销售渠道，实现增收致富。还应该加强农村社会保障体系建设，扩大林业保险范围及补助范围，提高林农应对重大自然灾害和意外事故的能力，减少意外损失，为生产生活提供必要保障。

（一）产业兴旺的举措

乡村振兴产业兴旺是重点，林业产业是乡村产业的重要组成部分，其发展水平直接体现出乡村振兴战略的实施效果，乡村振兴战略与林业产业是相互带动，相辅相成的关系。首先，乡村振兴战略能更好地保障林业产业的发展。在乡村振兴战略实施过程当中，对林业产业给予相应政策支持，激励保障林业产业健康快速发展。林业产业作为乡村产业的重要组成部分，发展林业产业是实现农民增收和精准脱贫、解决发展不平衡不充分矛盾的有效途径。其次，林业产业发展促进了乡村振兴战略的实施。林业产业主要集中在乡村，产业发展为乡村振兴战略提供经济支撑，为社会增加丰富多样的生态产品供给、满足人民日益增长的美好生活需要，为实施乡村振兴战略作出重大贡献。

1. 林业产业发展

当前，我国林业产业与生态建设并驾齐驱，林业产业逐步从以木材采伐为主向绿色生态产业转变。经过多年发展方式和发展路径的转变和优化，到 2018 年，我国林业产业一二三产业的结构调整为 32：46：22。超过万亿元的林业支柱产业有 3 个，分别是经济林产品种植与采集业、木材加工及木竹制品制造业、以森林旅游为主的林业旅游与休闲服务业，2018 年这三大产业的产值分别为 14 492 亿元、12 816 亿元和 13 044 亿元。

2018 年，林业产业总产值达到 7.63 万亿元（按现价计算），比 2017 年增长 7.01%，同比增速减少 2.85 个百分点。林业一二三产业产值与 2017 年相比，都有不同幅度增长，第三产业增长迅速。林业三次产业结构比进一步得到优化，由 2017 年的 33：48：19 调整为 32：46：22，第三产业比重增加 3 个百分点。林业旅游与休闲服务业产值增速达 21.50%。全年林业旅游和休闲的人数达到 36.6 亿人次，比 2017 年增加 5.58 亿人次。

（1）经济林产品种植与采集业

目前以经济林种植与采集业为主的林业第一产业发展大致可分为政府主导型、公司带动型及社会主体投资型。①政府主导构建区域性特色林规模种植，易于形成经济品牌，整合销售环节，便于搭建产—供—销特色平台。②公司带动型拥有的种植示范基地，便于成果展示及宣传，打造标准化种植，建立育种—育苗—栽培—加工等技术体系工程，将种植、加工、生产、销售一体化。③社会主体投资型是在政府鼓励下个人投资林业，确保林业经营的便利与公平性。以上三种发展类型都是政策支持下林业产业结构不断调整优化的结果，是林业经济林种植及采集业对林业资源的合理优化配置，是建立在生态环保基础上对林业资源的有限开发。

在各地实践中都是按照"适地适树"的原则，走生态林业发展道路，才让林业发展具备了可持续动力。以经济林种植与采集业为代表的产业改变了单一的林业一产结构，将有限的林业资源更加优化地加以利用，发挥出更大的经济价值。同时在此过程中林农也充分认识到只有"山上有叶子，才能得票子"，提升了保护生态的意识，形成了生态保护与经济回报的良性循环。

（2）木材加工及木竹制品制造业

2018年，我国木材加工及木竹制品制造业产值达1.3万亿元，占林业总产值的17%，是3个万亿级林业支柱产业之一。现阶段，我国社会主要矛盾已经转化为人民日益增长的美好生活需要和不平衡不充分的发展之间的矛盾。随着经济社会发展，消费结构升级，人们追求更加绿色健康的生活，由"求温饱"变为"要环保"。木材及木竹制品具有天然、绿色、环保、可再生、可循环的特点，完全符合消费升级需要。14亿多人日益增长的庞大需求，必将成为木材加工及木竹制品制造业发展的强大拉动力。我国经济由高速发展阶段进入高质量发展阶段，供给侧结构性改革不断深化，产业结构优化，城镇化建设协调推进，乡村振兴战略稳步实施，整体经济形势稳中向好，为木材行业转型升级营造了良好环境。

（3）林业旅游与休闲服务业

林业旅游与休闲服务业充分挖掘利用自然景观、森林环境、民俗风情、休闲养生、林业种植养殖、生物多样性等资源，形成依托森林、湿地、荒漠等多种林业自然资源为基础，利用所形成的生态景观、各类资源产品，形成以养生、疗养、游憩、保健、养老、娱乐为主要服务产品，集合林下种植养殖及其产品加工，生物医药等现代制造业等多种产业形态融合交叉的多元化、多层次综合产业体系。林业旅游与休闲服务业产值增速达 21.50%。2018 年林业旅游和休闲的人数达到 36.6 亿人次，比 2017 年增加 5.58 亿人次。这不仅可以形成现代服务业的重要增长点，还能实现林区农民、林业职工等社会弱势群体增收，国家集中连片地区脱贫，全面提升人民群众生活水平和健康福祉，为乡村振兴奠定坚实基础和有力支撑。

2. 林业产业可持续发展

挖掘林业产业在绿色发展中的优势和潜力，以政策引导、示范引领、龙头带动为抓手，发展特色产业，扶持新兴产业，提升传统产业，打造产业品牌，优化产业结构，培育龙头企业，壮大产业集群，推进林业一二三产业融合发展。

（1）加强特色林业基地建设

加快木本粮油产业发展，推进油茶、核桃等木本粮油高产稳产基地建设；大力发展林木种苗、花卉、竹藤、生物药材、木本调料等基地，推进布局区域化、栽培品种化、生产标准化、经营产业化；大力发展林下经济，增加生态资源和林地产出。

（2）加快产业优化升级

加快提升林产加工业，强化木竹加工、林产化工、制浆造纸和林业装备制造业转型升级，全面构建技术先进、生产清洁、循环节约的新业态，提高资源综合利用水平和产品质量安全。大力扶持战略性新兴产业发展，培育木结构绿色建筑产业、林业生物产业、生物质能源和新材料产业，加强林业生物产业高效转化和综合利用。做大做强森林等自然资源旅游，大力推进森林体验和康养，发展集旅游、医疗、康养、教育、文化、扶贫于一体的林业综合服务业。

（3）发展优势产业集群

促进产业聚集和融合发展，培育林业国家级现代林业产业示范园区和木材加工贸易区。优化人造板、家具、木浆造纸、林业装备制造和林业循环经济等产业布局，依托资源禀赋和口岸，打造一批精深加工产业集群，发挥重点产业聚集效应和区域产业竞争优势。依托特色林产品基地、森林食品基地及竹藤示范区，建设特色林业精品园等现代产业示范园区。大力培育林业龙头企业。

（4）完善产业服务体系

加快健全林业产业和林产品标准体系，逐步建立林产品产前、产中、产后的全系列标准规范，把无公害、"绿色"标准的推广与优质林产品基地、现代林业标准化科技示范园建设紧密结合起来，建立健全林产品质量检测认证体系和林业产业信用体系，制定林业产业和市场准入清单。积极推进产销监管链、竹林经营和生态产品服务认证机制。淘汰落后产能，压缩疏导过剩产能，进一步优化产业结构。加强林业产业和林产品市场监测预警工作。加快实施林业品牌发展战略，建设国家森林标志性产品体系。建设林产品电子商务交易平台，鼓励森林产品连锁超市、新型电商企业和仓储物流业发展。

3. 构建林业对外开放新格局

发挥林业独特优势和作用，拓宽林业发展的外部空间和环境，提升发展水平，服务国家外交战略和对外开放战略。

（1）建立健全林业国际合作体系

增强林业国际合作的全局性、主动性和前瞻性。突出亚太、立足周边、巩固拉美、面向全球，按照"一带一路"倡议总体布局，拓展中亚、澜沧江——湄公河、中东欧等区域和次区域林业合作机制。履行涉林国际公约，参与全球森林治理体系顶层设计，提高国际合作的主动权、话语权。落实国家应对气候变化承诺目标，增强林业生态外交，为"一带一路"提供软实力和绿色支撑，树立良好国际形象。拓展林业资源开发合作，创新经济技术合作与民间交流。积极参与全球林业治理体系构建，加强与涉林非政府组织合作。拓展林业援外领域，丰富林业援外内容和形式，培训与项目结合、技术与资金并用，建立林业援外长效机制，带动我国先进理念、优秀人才、创新模式走出去。

（2）建立健全林业对外开放体系

加快提升林业对外贸易和利用外资水平，创新林产品贸易方式，优化林产品对外贸易结构。促进林业出口产品由初级产品、低附加值为主向精深加工产品、高附加值转变，加快推进多元化贸易战略，加强林产品国际贸易预警体系建设，建立健全安全有效的林产品对外贸易体系。抓好世行、亚行、欧投行在建项目管理，积极争取扩大利用国际金融组织和外国政府贷款规模，优化和规范外商直接投资，助推内外资项目融合发展。制定完善自贸区及"一带一路"贸易政策措施，支持国内企业走出去，在俄罗斯、东南亚、中东欧、拉美、大洋洲及非洲等具备条件的国家开展森林资源开发利用合作，转移和利用国内木材加工、林业机械制造等优质产能，建成一批集森林资源采伐、加工、贸易与物流于一体的境外木材加工园区。依托我国主要进口木材口岸，建设进口木材资源储备加工交易基地。依托亚太区域林业企业合作与交流平台机制，积极推动林业调查规划、勘察、设计、标准、认证等服务和技术、设备、管理模式走出去，深化与俄罗斯、马来西亚、新西兰、新加坡等国现代林业服务贸易合作。[*]

（二）生态宜居的举措

实施乡村振兴战略，要坚持生态优先、绿色发展。建设生态宜居的美丽乡村，是实施乡村振兴战略的一项重要任务，顺应广大农民对美好生活的向往，生态振兴着重在农村人居环境整治、农业绿色发展、山水林田湖生态保护与修复方面着手，良好生态环境是农村最大优势和宝贵财富。建立美丽乡村必须尊重自然、保护自然，推动乡村自然资本加快增值，实现百姓富、生态美的统一。2020年是决胜全面建成小康社会、实施乡村振兴战略取得重大进展的关键之年，作为生态的重要载体，在

---

[*] 相关政策文件见附录一。

建设生态宜居美丽乡村过程中林业必将体现担当和作为。

1. 国土绿化行动

开展大规模国土绿化行动，加强林业重点工程建设，系统修复森林、湿地、荒漠生态系统，增加森林、湿地面积和森林蓄积量，巩固和扩大生态空间，增强自然生态功能，构筑国土绿色生态安全屏障。2019年全国造林 706.7 万公顷，森林抚育 773.3 万公顷，新增国家森林乡村7 586 个。天然林保护工程全年完成公益林建设 24.4 万公顷、中幼林抚育 175.3 万公顷、后备森林资源培育 7.8 万公顷、森林管护任务 1.15亿公顷。全面停止天然林商业性采伐，国有天然商品林全部纳入停伐管护补助。国务院批准扩大贫困地区退耕还林还草规模 138 万公顷，2019年完成退耕还林还草任务 80.3 万公顷。"三北"工程完成营造林 58.3万公顷。长江、珠江、沿海和太行山绿化等重点防护林工程完成建设任务 30 万公顷。国家储备林完成建设任务 62.1 万公顷。

（1）造林绿化

坚持全民义务植树，发动全社会力量大规模植树增绿，绿化美化国土空间。坚持封山育林、人工造林并举，宜封则封、宜造则造，宜林则林、宜灌则灌、宜草则草。加强三北、沿海、长江、珠江、太行山、平原、血防等林业重点工程建设，打通连接重点生态功能区的绿色廊道；加大干旱半干旱地区封禁保护和自然修复力度，推行节水造林；稳定和扩大新一轮退耕还林，加快 25 度以上坡耕地、严重沙化耕地和重要水源地 15 度～25 度坡耕地退耕还林进程，探索地下水严重超采、土壤污染严重耕地造林试点。加快开展乡镇村屯造林绿化示范建设。建设树种配置合理、结构稳定、功能完善的森林生态系统，形成沿海、沿江、沿线、沿边、沿湖（库）、沿岛的国土绿化网格，促进山脉、平原、河湖、城市、乡村绿化协同。

（2）沙漠化石漠化系统修复

加强沙漠化、石漠化土地治理，全面落实全国防沙治沙规划，将防沙治沙任务逐级分解落实。2018 年，我国继续实施退牧还草、京津风沙源治理、西南石漠化草地治理等工程，开展草原生态修复和保护，工程区草原植被盖度比非工程区平均高 11 个百分点，植被平均高度和单位面积鲜草产量分别比非工程区高 38.3％和 52.7％。将主要风沙源区、风沙口、沙尘路径、沙化扩展活跃区和岩溶石漠化地区"一片两江"作为重点突破区域，以自然修复为主，生物措施与工程措施相结合，增加林草植被，推进沙化土地封禁保护，加强防沙治沙示范区建设，推进水土流失综合治理，强化风沙源头和水源涵养区生态保护。稳步推进重点生态功能区、生态脆弱区的生态系统修复，自然修复与人工促进相结合，以点带面，综合治理，提升生态服务功能。加强退化森林和残次林修复，封补抚改并举，逐步培育为混交林、复层林、异龄林，增加珍贵树种、乡土树种、长周期树种比重，提高生态系统稳定性；加快工矿废弃地、破损山体和灾毁林地生态治理和植被恢复，兴林与治山相结合，着力拓展生态空间。

2. 提高森林质量

按照因地制宜、分类施策、造管并举、量质并重的森林可持续经营原则，强化系统管理，实施科学经营，加快培育多目标多功能的健康森林。

（1）分类科学经营

科学开展天然林经营。保育结合，人工促进天然更新和森林演替，调整林分层次结构，优化树种组成，大力培育天然复层异龄林。"原生林"要充分利用自然演替和更新能力，以天然更新为主，维护良好的森林结构和功能。"次生林"要加强中幼龄林抚育和退化林修复，调整和优化林分树种结构、龄组结构、径级结构和密度结构，使森林生态系统的结构和功能更加稳定。"稀疏林"要实行封育和补植补造，增加珍贵树种、乡土树种混交和深根系树种比重，恢复森林环境。

加快开展人工林经营。推进人工商品林集约经营，提高森林经营强度，积极改造低效退化林分，提高森林质量和林地产出。在自然条件适宜地区，建设一批集约化、规模化森林经营基地。推进人工公益林近自然经营，优先选择乡土树种、深根系树种作为目标树，大力培育混交、复层森林结构，根据林分生长状况和自然分化情况科学实施抚育经营，适时调整林分密度，促进林木生长。

适度开展灌木林经营。根据自然条件确定灌木林经营方向、方式和经营强度，科学开展平茬复壮、间密留疏，增强灌木林的稳定性。有条件的地区开展适度培育乔木林，形成乔灌混交，提高防护等综合效能。大力开展林地立体复合经营。满足森林主导功能和经营主体目标的前提下，积极开展立体种植、复合经营，综合发展森林培育和林下种植养殖，按照森林可持续经营和生态原产地认证要求生产森林产品。

（2）森林经营管理

构建国家、省、县三级森林经营规划体系，进一步强化森林经营的法律地位、法律约束。在做好二类调查及各项专业调查基础上，重点国有林区以森林可持续经营为突破口，以林业局为单元科学编制和实施森林经营方案，重点培育长周期、多目标、多功能的复层异龄混交林。国有林场以提供森林生态服务为主线，以林场为单元编制和实施森林经营方案，重点培育珍贵树种、大径级优质良材和优美森林景观。集体林以推进规模经营为抓手，鼓励经营主体单独编制和实施简明森林经营方案，将经营措施落实到山头地块，组建专业化的森林经营队伍。构建以全国性标准为指导、区域和地方标准为补充、涵盖不同森林类型的森林经营技术标准体系。大力推广典型森林经营模式与技术，构建符合我国实际的森林作业法体系。建立森林经营成效监测评价体系，加强对森林经营活动的管理监督，明确各级林业部门推进森林经营工作的主体责任。强化森林二类调查、土壤普查、分类与质量评价，进行立地分类区划，编制林业基础数表，建立主要森林类型的生长收获模型，建设模式林、样板林体系，构建森林经营成效监测网络。

（3）加强天然林资源保护

全面停止国有天然林商业性采伐，协议停止集体和个人天然林商业性采伐。将天然林和可以培育成为天然林的未成林封育地、疏林地、灌木林地等全部划入天然林保护范围，对难以自然更新的林地通过人工造林恢复森林植被。在东北生态保育区、青藏生态屏障区、南方经营修复区、长江（经济带）生态涵养带、京津冀生态协同圈、黄土高原—川滇生态修复带等天然林集中分布区域，重点开展天然林管护、修复和后备资源培育，适宜地区继续开展公益林建设。*

3. 深入推进乡村绿化美化

2019 年，国家林业和草原局印发《乡村绿化美化行动方案》，部署开展乡村绿化美化行动。到 2020 年底，全国将建成两万个国家森林乡村和一批地方森林乡村，建设一批全国乡村绿化美化示范县。

开展乡村绿化美化，是实施乡村振兴战略、推进农村人居环境整治的重要内容，事关全面建成小康社会和农村生态文明建设。要坚持以人民为中心，以改善乡村人居环境为目标，全面保护乡村绿化成果，持续增加乡村绿化总量，着力提升乡村绿化美化质量，促进绿水青山转化为金山银山，努力建设"村美、业兴、家富、人和"的生态宜居美丽乡村。

乡村绿化美化行动有 4 个方面的重点任务：

一是保护乡村自然生态。全面保护乡村自然生态系统的原真性和完整性，加强古树名木、风景林、珍贵树种保护，发挥生态护林员、草原管护员的巡护作用，抓好林草火源监管和重大病虫害灾情报告，及时组织除治，减少灾害损失。

二是增加乡村生态绿量。因地制宜开展环村林、护路林、护岸林、风景林、游憩林、康养林、水源涵养林、水土保持林、防风固沙林、农田（牧场）林网等建设。推进乡村绿道建设，开展乡村裸露山体、采石取土创面、矿山废弃地、重金属污染地等绿化美化。开展村庄绿化美化，建设一批小微绿化公园、公共绿地。开展庭院绿化，见缝插绿，有条件的可开展立体绿化。

---

* 相关政策文件见附录二。

三是提升乡村绿化质量。积极推广使用良种壮苗，鼓励营造混交林，加强造林后期管护。开展河流公路两侧林带、环村林带、农田林网等补植修护，实施退化防护林修复改造，对过熟林、枯死林木进行更新改造。对乡村范围内的中幼龄林，及时进行抚育间伐，利用林间空地补植乡土珍贵树种，促进天然更新，培育健康稳定的多功能森林，构建优美森林生态景观。

四是发展绿色生态产业。因地制宜培育林草产业品牌，发展具有区域优势的珍贵树种用材林及干鲜果、中药材、木本油料等特色经济林。推广林草、林花、林菜、林菌、林药、林禽、林蜂等林下经济发展模式，推进林产品深加工。大力发展森林观光、林果采摘、森林康养、森林人家、乡村民宿等乡村旅游休闲观光项目。*

（三）乡风文明的举措

乡风文明，是实施乡村振兴战略五个总要求之一，是乡村振兴战略的灵魂。习近平总书记强调："文化是一个国家、一个民族的灵魂。文化兴国运兴，文化强民族强。没有高度的文化自信，没有文化的繁荣兴盛，就没有中华民族的伟大复兴。"乡风文明，是乡村振兴战略的重要内容，更是加强农村文化建设的重要举措。乡村振兴，乡风文明是保障。必须坚持物质文明和精神文明一起抓，提升农民精神风貌，培育文明乡风、良好家风、淳朴民风，不断提高乡村社会文明程度。

1. 生态文化

我们用生态文明视角审视乡村生产与生活，就会发现生态理念体现在乡村的各个构成要素，形成完整的乡村生态文明体系，涵盖了生产方式、生活方式、社会关系以及包括信仰、习俗在内的乡村文化等各个方面。这些要素相互渗透、影响、制约，充分体现着生态文明理念。以下内容摘自 2016 年国家林业局印发的《中国生态文化发展纲要（2016—

---

* 相关政策文件见附录三。

2020 年)》，节选内容主要针对生态文化阐释及乡村生态文化建设发展思路。

（1）生态文化的思想精髓

自然生态系统是人类生命的支撑。人与自然的关系，基于人类对于自然生态系统的依赖和对自然资源的利用；而人与人的关系，又基于人类占有、利用自然资源创造并扩张财富的权益关系；人与自然的关系，制约着人与人、人与社会的关系，人类对自然生态系统及其资源利用的"进退取舍"，都基于其价值取向。从原始社会敬畏屈从于自然，农耕文明有限地改造自然，工业文明征服控制自然，到生态文明奉行人与自然和谐共荣，深刻地折射出不同历史发展阶段，人类经济社会发展转型对主流文化的选择对人与自然的关系和人类的可持续发展至关重要。

生态文化是人与自然和谐共生、协同发展的文化。生态文化具有人性与自然交融的特征，是最本质、最灵动、最具亲和力的文化形态。生态文化以"天人合一，道法自然"的生态智慧，"厚德载物，生生不息"的道德意识，"仁爱万物，协和万邦"的道德情怀，"天地与我同一，万物与我一体"的道德伦理，揭示了人与自然关系的本质，开拓了人文美与自然美相融合、人文关怀与生态关怀相统一的人类审美视野；以"平衡相安、包容共生，平等相宜、价值共享，相互依存、永续相生"的道德准则，树立了人类的行为规范，奠定了生态文明主流价值观的核心理念。

生态文化是生态文明主流价值观的核心理念和生态文明建设的重要支撑。生态文明是以人与自然和谐、全面、可持续发展为宗旨的文明形态；尊重自然、顺应自然、保护自然的理念，发展和保护相统一的理念，绿水青山就是金山银山的理念，自然价值和自然资本的理念，空间均衡的理念，山水林田湖是一个生命共同体的理念，是生态文明核心理念。生态文化以其对自然生态系统的深刻认知，对人与自然关系的平等友好，对和谐共荣的价值追求，对人性本善的社会适应，传递生态文明主流价值观，倡导勤俭节约、绿色低碳、文明健康的生产生活方式和消费模式，唤起民众向上向善的生态文化自信与自觉，为正确处理人与自然关系，解决生态环境领域突出问题，推进经济社会转型发展提供内生动力，契合了走向社会主义生态文明新时代的前进方向，是生态文明时代的主流文化，具有重要的时代价值。

（2）生态文化宣传教育

依托各种类型的自然保护区和森林、湿地、沙漠、海洋、地质等公园、动物园、植物园及风景名胜区等，全方位、多领域，系统化、常态化，推进生态文化宣传教育。因地制宜建设面向公众开放，各具特色、内容丰富、形式多样的生态文化普及宣教场馆。着力打造统一规范的国家生态文明试验示范区，发挥良好的示范和辐射带动作用，通过生态文化村、生态文化示范社区、生态文化示范企业等创建活动和生态文化体验等主题活动，提高社会成员互动传播的公信度和参与度，共建共享生态文明体制改革成果。

将生态文化教育纳入国民教育体系，高度重视大中小学生等群体生态文化教育。文教主管部门组织编制规范化的生态文化教科书，将生态文化教育课程纳入教学大纲。从青少年抓起、从学校教育抓起，着力推动生态文化进课程教材、进学校课堂、进学生头脑，全面提升青少年生态文化意识，启迪心智、传播知识、陶冶情操，在格物致知中培育中华生态文化的传承人。

（3）改革创新、协同发展生态文化传播体系

综合运用部门宣传和社会宣传两种资源、两种力量，中央媒体和地方媒体两个平台，形成优势互补、协同推进的新闻宣传格局。依托高新技术，大力推动传统出版与数字出版的融合发展，加速推动多种传播载体的整合，努力构建和发展现代传播体系。充分发挥生态、环境保护、国土资源、住房城乡建设、教育、文化、社科等各类行业报刊、互联网等作用，巩固生态文明宣传权威媒体主阵地，拓展新闻视野，综合运用多种新闻宣传手段和形式，加大新闻报道力度，增强新闻宣传的吸引力和感召力；完善新闻发布机制，加强舆论监督引导，把握新闻发布主题

和时机，增强新闻发布的时效性、针对性和影响力；着力提高生态文化建设新闻、图书出版水平，编辑发行深入浅出、通俗易懂、图文并茂的生态文化科普宣教系列读物，增强社会传播的吸引力和感召力。构建统筹协调、功能互补、覆盖全面、富有效率的生态文化传播体系。

（4）"全国生态文化村"创建活动

一是保护和建设具有生态文化品质的美丽乡村。发展具有历史记忆、文化底蕴、地域风貌、民族特色的生态文化村，打造崇尚"天人合一"之理、倡导中华美德之风、遵循传承创新之道、践行生态文明之路的美丽乡村和各具特色的发展模式。特别要以制度保障生态文化底蕴深厚的"老少边穷"地区消除贫困，共享改革发展成果，实现生态文化保护传承与增进百姓福祉的统一。

二是发挥生态文化村的辐射带动作用和品牌效益。开发本地区、本民族的生态文化资源财富、传承优秀传统生态文化遗产，以原住民为主体，打造和扶持具有区域民族特色、市场潜力和品牌效益的生态文化旅游、休闲养生、历史文物典籍展示、民间工艺制作、歌舞技艺表演、"农家乐""渔家乐""森林人家""草原人家"等生态文化产业和创意产品，特别要以岛屿为支点，大力开发海岛旅游，打造海洋生态文化精品。拉动民生改善，提升文化自信和文化自觉。大力推进生态家园、清洁水源、清洁田园建设工程，综合整治农村生产生活环境、恢复自然景观资源，建设生态文化淳厚、生态空间环保、绿色食品安全、百姓生活富足的美丽乡村。

（5）林业生态楷模

"无山不绿，有水皆清，四时花香，万壑鸟鸣，替山河装成锦绣，把国土绘成丹青，新中国的林人，同时是新中国的艺人"，这是新中国第一任林业部长梁希对林业人的定义。林业人，是生态文化的倡导者、绿色发展的推动者、生态文明的先行者。爱林兴林，终生坚守；艰苦奋斗，无私奉献；吃山野之苦，植绿色之树，解生态之危，造万民之福。树人、树木、树林，创造绿色，传承文明。林业精神蕴涵了深刻的生态文化理念，具有鲜明时代特征，展示了林业人高尚的生态道德风范。要在全国开展林业时代精神文明单位和林业生态楷模创建活动，挖掘和树立林业时代典范，弘扬林业时代精神，培养新一代林业人；感召社会广大民众领悟"山水林田湖是一个生命共同体，人的命脉在田，田的命脉在水，水的命脉在山，山的命脉在土，土的命脉在树"。"生态决定人类文明兴衰、生态就是生产力、生态就是民生福祉、山水林田湖统筹治理"等生态哲理明示了人与自然的关系，以及林业和林业人对于生态文明建设的时代价值和意义。

通过上述纲要内容，生态文化作为促进生态文明建设的理念创新、制度规约、行为典范和物质文化，并通过教化、规制、示范、样板等进行生态文化培育，旨在为推进生态文明建设提供系统的理念文化、制度文化、行为文化和物质文化支撑。作为文化的一种具体类型，生态文化是从人类自身需要出发对生态意识、生态价值和适应的认识，是站在人与自然和谐相处的角度，将人看作与自然共生的一种精神追求。林业生态文化则更加具体，即将林业这种特殊客体放在人与自然和谐相处的语境中来考量。

2. 林业生态文化促进文明社会建设

（1）缓解资源过度开采对自然环境带来的压力

部分地区在恶劣的气候条件下很难培育植被，土壤荒废沙漠化，对区域建设经济发展有很大的影响。针对破坏严重的地区指定一项长远的造林计划可有效保护原有土壤，并且逐步改善现有的沙漠区域，为居民提供一个良好的生态环境。人类活动是离不开自然资源的，林业生态文明可将环保理念灌输在地区发展中，对群众起到一个教育引导的作用。为改善生态环境党和政府提出了和谐发展以人为本的理念，林业文化可加大这一观念在基层中的落实程度。

人与生俱来对自然的热爱，使源于自然的林业生态文化具备了亲和力强，传播效果显著的特性。繁重的生活压力导致人与自然脱离，造成人们生态感知的缺失和生态意识的淡薄。而立足自然环境、依托自然资源的林业生态文化载体则针对性地弥补了人与自然之间架构的空白，提供了可以亲而近之的绿色空间，也提供了可以触而感之的自然环境，构建起人与自然之间的纽带，唤起人类爱自然的天性，根植人类保护自然的意识。借助林业生态文化载体的自然认识与自然教育，通过示范以最直接的方式增强人对于环境知识的认知，能够通过自然化的氛围以最感官的方式加深人与自然和谐的价值观，能够通过生态性的活动以最亲和的方式形成人对于生态行为范式的共识。林业生态文化的挖掘是通过保护好林业生态文化奠定美丽乡村建设的基础。林业生态文化彰显的精神品格，使林业生态文化在推进乡村人与自然和谐共处中具有突出作用，以文化教化群众、淳化民风，实现乡村精神美。

（2）林业生态文化贴近生活

林业生态文化建设所具有的以人为本与因地制宜的两个特性可以很好地实现生态文化的"内化于心，外化于行"。从以人为本这一特性层面上说，其以受体人的思维为角度，探求实践主体最能接受的载体形式和更好地吸纳其承载文化的途径，规划设计最切合与最合理的方式，实现生态文化的内化过程。从因地制宜这一特性层面上说，其以建设地的实际情况为出发点，结合不同地域的地理位置、地形地貌、土壤、气候、水文、动植物资源、旅游资源等自然状况和社会、经济状况，融合与反映地域特色，规划建设最符合当地背景的林业生态文化载体工程项目，引领社会主体以最佳的实践方式外化生态文化，形成适宜当地的构建生态文明社会的生态实践。

3. 森林文化

（1）森林文化

森林被看作是陆地生态系统的主体，是人类赖以生存和发展过程中不可替代的生态屏障。人类在与森林的朝夕相处中，孕育了一种从物质依赖到精神追求的文化现象——森林文化。森林文化是人类在漫长的生产劳动和社会实践中认识、保护和利用森林资源所形成的思想与智慧的结晶，与人类社会的历史文明一起形成与发展。物质森林文化和民俗森

33

林文化是森林文化的两种文化形态。物质森林文化反映了人类和森林的一种授予关系，有时序上的存在。民俗森林文化是生活在森林里的人们和森林融合在一起、千百年来一直沿袭着的古老传统习俗。

"树叶蔽身，摘果为食，钻木取火，构木为巢"是森林孕育人类文明的真实写照。时至今日，人类对森林的依赖、眷恋和感情不仅丝毫没减，反而因为工业化带来的全球生态问题，对森林更加关注和厚爱。森林文化以自己独特的形式和丰厚的内容，推动社会文明进步，成为人类物质财富和精神财富。

（2）森林文化小镇

森林文化小镇评选是推进美丽乡村建设，引导人们树立尊重自然、顺应自然、保护自然的生态理念，为建设生态文明和美丽中国贡献力量，激发全社会关注和参与森林资源保护的一项公益活动。目前全国已经有50个乡镇被评为森林文化小镇。

四川汶川县卧龙特别行政区耿达镇位于卧龙国家级自然保护区的腹心区域，生物多样性，生态系统良好，无破坏森林资源、乱捕滥猎野动物现象。镇内景观优美，空气清新，美丽的森林景观和大熊猫成为生态旅游的吸引力。

镇内拥有全世界最大的大熊猫基地——中国大熊猫保护研究中心神树坪基地，有多功能的生态教育展示中心和科普基地。按照"熊猫家园康养耿达"这一发展主题，镇政府坚持保护第一，绿色发展的原则，以集中打造森林康养福地为建设目标，依托熊猫品牌、自然条件等，充分利用森林资源优势，将健康、养生、养老、休闲、旅游等多元化功能融为一体，着力满足各界游客参观大熊猫、山地河谷体验、休闲度假、特色美食等不同需求，努力打造特色森林康养小镇。2016年，全镇接待康养、休闲游客60万人次，有力地助推了当地农村经济增长、农民增收。

溪源乡位于福建省三明市建宁县东北部，四面环山。这里森林植被完好，境内森林覆盖率高达88.21%。高山、湿地中物种繁多，形成了林水相依、林山相依的空间格局。

全乡实行绿色环保生产生活方式，利用紫云英等绿肥进行有机种植。林木以毛竹与阔叶树种混交为主，建有苗木基地。原始生态林面积4.28万亩。同时，该镇注重森林资源与生物多样性保护。在省级历史文化名村上坪村，乡民具有良好的道德风尚，爱林护林意识强，积极参与绿化活动。文化长廊里常常可见生态文化的宣扬活动。溪源乡建立了闽江公社生态种植体验基地，充分利用当地自然资源发展乡村旅游，结合笋竹之乡的优势资源，建设了竹文化主题公园，同时在楚溪河畔建设1 000多米生态护岸。为增加收入，当地林农积极发展林下经济，林下套种金线莲、黄精、灵芝等中草药。

浙江金华市永康市西溪镇地处永康市东北部山区，森林资源丰富，以"千年古村、千年古道、千亩梯田、千亩蜜梨、千株古树"闻名，被评为浙江省森林城镇。由于空气中负氧离子含量高，西溪镇被誉为"天然氧吧"。

西溪镇坚持"绿水青山就是金山银山"的发展理念，凭借生态、环境以及区位优势，接轨横店，差异化打造森林文化小镇。镇域土地总面积有86.01平方千米，森林覆盖率为65.9%，最大化保留原生态自然环境，现调查在册古树408株、古树群4处，保留原生态的森林结构，生物多样性丰富。绿化中乡土树种占80%以上。全镇以森林文化为载体，重视生态文化教育，设有科普教育基地，每年开展生态环境保护、森林村庄绿化养护管理知识讲座。近两年，努力践行"两山"理论，新增经济林1 500多亩，打响"柏岩蜜梨"品牌，实现"一亩山万元钱"。

江西宜春市明月山洪江镇自然气候条件优良，空气清新怡人，有丰富的森林资源。秀美的山水风光、良好的生态环境、厚重的禅宗文化、稀奇的含氧温泉和丰富的红色文化成为发展乡村旅游得天独厚的优势。

镇内主要有毛竹、杉木、松木等树种，其中毛竹储存量达1 500万根。古树资源尤为丰富，落叶木莲（华木莲）被列为国家一级保护树种，是世界上仅存的两棵；有2 000亩原始森林、1 000亩野生樱桃林、

1 800 年树龄的红豆杉、300 年古茶树林、1 000 年古枫树林等，均得到有效保护。洪江镇具有浓郁的禅宗文化、红色文化、月亮文化、茶文化、农家文化，镇政府采用自然资源和文化理念相结合的开发模式，结合周边旅游资源，满足大众休闲保健需求，更为小众人群制定个性化服务。通过发展生态旅游、森林养生等项目，2016 年洪江镇接待游客超过 50 万人次，实现旅游综合收入 6 000 余万元。

就目前来讲，森林文化小镇的建设规模、建设的路径、建设的模式等，都在进一步探索之中。可以肯定的是，森林文化小镇，首先当然要有"森林"这一特色，但归根结底还是要落实到发展上，环境保护与社会经济发展可以相互促进。把得天独厚的森林资源用起来，探索新业态，让青山绿水成为当地的"金山银山"，才能走上可持续发展之路。

森林文化贯穿人类历史文明发展的始终，从原始文明、农业文明到工业文明和生态文明，森林文化内容丰富，形式千差万别，体现着不同的时代特征。在当前我国乡村振兴背景下，森林文化内涵更加丰富、特征更加突出，加强森林文化建设具有十分重要的现实意义。

（四）治理有效的举措

党的十九大报告将"治理有效"作为实施乡村振兴战略的总要求之一，开启了新时代乡村治理新征程。乡村是最基本的治理单元，是国家治理体系的"神经末梢"。乡村社会是中国社会重要组成部分，乡村治理必然成为实现国家治理体系和治理能力现代化的基础和重要内容，也是实施乡村振兴战略、实现乡村善治的基石。

乡村治理得好与坏不仅决定着乡村社会的发展、繁荣和稳定，也体现着国家治理的整体水平。乡村振兴战略提出乡村"治理有效"的新目标，是国家治理体系和治理能力现代化建设向广大乡村的历史性延伸，是对乡村治理在新时代提出的更高要求。因此，以习近平新时代中国特色社会主义思想为指导，把夯实基层基础作为固本之策，将乡村治理摆上重要议事日程，以"治理有效"为核心，创新乡村治理体系，走乡村善治之路,我们就能建设充满活力、和谐有序的新乡村。

1. 林区治理

林区孕育着丰富的自然资源,是非法开采、猎捕及违禁物品生产等违法犯罪活动的多发地,同时林区存在地广人稀、交通不便、信息闭塞的问题,容易成为社会治理的盲区死角,因此林区社会的治理是乡村治理的重难点。

林草法制建设持续推进,2019 年中华人民共和国森林法修改工作完成,新的森林法于 2020 年 7 月 1 日正式实施。据统计 2018 年全国共发生林业行政案件 18.29 万起,比 2017 年增长 5.54%。全国共发生各类草原违法案件 8 199 起,比 2017 年下降 40.4%。全国森林公安机关共立案侦查各类涉林和野生动植物刑事案件 3.39 万起,比 2017 年增长 3.99%。打击处理违法犯罪人员 3 万余人(次),收缴林木 7.5 万立方米、野生动物 23 万余头(只),全部涉案价值 9.18 亿元。组织开展"飓风 1 号""春雷 2018""绿剑 2018"以及"严厉打击犀牛和虎及其制品非法贸易"等专项打击行动。2018 年,共办理行政复议案件 53 起,其中,受理 36 起并已全部办结,不予受理 17 起;共办理行政诉讼应诉案件 39 起。

2. 资源和生物多样性保护

林业资源和生物多样性是大自然赋予人类的宝贵财富,是人类赖以生存的基本条件,是经济社会可持续发展的基础,保护生态首先要保护资源和生物多样性,构建生态廊道和生物多样性保护网络。

(1) 天然林资源保护

天然林指天然起源的森林,包括自然形成与人工促进天然更新或者萌生所形成的森林。天然林是森林资源的主体和精华,也是自然界中群落最稳定、生态功能最完备、生物多样性最丰富的陆地生态系统。

中国现有天然林资源 29.66 亿亩,占全国森林面积的 64%、森林蓄积的 83% 以上。1998 年中国决定实施天然林资源保护工程,标志着林业从以木材生产为主向以生态建设为主转变。20 余年来,中国不断加大天然林保护力度，全面停止天然林商业性采伐，实现了全面保护天然林的历史性转折。

截至 2018 年年底，国家投入天保工程资金达 4 000 多亿元，建立了比较完备的森林管护体系，19.44 亿亩天然乔木林得以休养生息，全国天然林面积净增 4.28 亿亩，工程区 95.6 万富余职工得到妥善安置，其中 67 万人长期稳定就业。与此同时，森林蓄水保土能力显著增强。在率先实施天保工程的四川省，2013 年与 2003 年对比，水土流失面积减少了 10.03 万平方千米。河南省花园口水文站监测结果表明，黄河含沙量 2016 年比 2000 年减少了 90%。森林碳汇能力大幅度提升，很好地发挥了森林减排作用。中国政府承诺到 2020 年在 2005 年基础上新增森林蓄积 13 亿立方米，仅天保工程近 5 年已贡献 13.75 亿立方米。天保工程使我国林业摆脱了资源危机、经济危困的困局，是中国林业发展史上的一大壮举，也是世界林业建设史上的重大事件。[*]

（2）野生动植物资源保护

野生动植物是自然生态系统的重要组成部分，对维护生态系统平衡和稳定发挥着十分重要的作用。野生动植物保护意识的高低是衡量一个国家、一个民族文明进步的重要标志。

国家公园建设稳步推进。构建以自然保护区和国家公园为主体、其他保护地和自然保护小区为补充的自然保护体系，完善生物多样性保护网络，加强典型生态系统、珍稀濒危野生动植物种的就地保护、近地保护、迁地保护，建设一批大熊猫、东北虎豹、亚洲象、藏羚羊等重要物种国家公园。加强森林公园、湿地公园、沙漠公园等保护地管理和建设。开展生物多样性本底调查与评估，完善观测体系。强化野生动植物及其制品繁育、利用监管，开展野生动植物繁育、利用及其产品制品的认证标识，严格监管乱捕滥猎、乱采滥挖、乱食滥用野生动植物等不文明行为。

---

　* 相关政策文件见附录四。

实施从源头、流通到市场各环节的监管举措。一是要针对本辖区野生动植物资源及栖息地情况进行摸底调查，掌握重点物种分布及栖息地保护现状，制定野生动植物保护策略。二是创新保护管理手段和技术防范措施，在进入野生动植物种重要栖息区域关键路径，科学设立视频监控等设施，密切监控进入野生动物栖息地各类人员的活动，及时发现和查处违法犯罪行为，为案件侦破和查处犯罪行为提供线索和证据。三是加强协调执法监管，组织清理整顿，规范经营利用行为。针对非法猎杀的濒危野生动物轻易混入流通、进入市场致使破坏野生动物资源犯罪屡打不绝问题。针对新形势下野生动物犯罪的特点，协调网信、邮政等部门，与互联网企业联手，建立网络打击非法交易联盟平台，加强对电子商务、快递物流、社交媒体等的监管，净化网络环境，严厉打击网络交易等非法贩卖野生动物违法犯罪活动。

宣传教育，举社会之力保护野生动植物资源。野生动植物保护是一项社会性很强的公益事业，需要社会各界的广泛参与。一是各级林业和草原主管部门要积极利用传统媒介和微博、微信公众号等新媒体，向社会大力传播保护理念和知识，不断提升公众爱护野生动植物、抵制非法交易、坚决摈弃陋习的自觉性。二是要动员社会力量，充分发挥志愿者、公益组织和民间团体的优势，创新宣传方式、扩大宣传范围，让宣传活动走向社会、进入校园、深入基层。三是要进一步发挥基层组织作用，鼓励重点村庄制定乡规民约，引导村民抵制非法经营和摒弃滥食野生动物陋习。四是要正确对待、积极回应、正面引导媒体报道和公众舆论。各级林业和草原主管部门要以开放的姿态欢迎社会各界力量加入到保护队伍中来，形成全社会共同保护野生动植物、打击违法犯罪的新格局。*

（五）生活富裕的举措

在乡村振兴的五大目标之中，生活富裕是立足点和出发点。改革开

---

* 相关政策文件见附录五。

放以来，城乡居民收入快速增长，但其背后的实质是城乡居民收入差距的逐渐扩大。与城市居民相比，农村居民普遍收入水平低下、收入来源单一，面临着严峻的收入难题。生活富裕即是通过振兴乡村社会经济发展，使农民收入提高，农村民生保障水平健全。同时，生活富裕目标的实现也要求带动农民参与农村社会经济发展，保障农民分享发展红利的权力，使农民成为乡村振兴的直接受益者。生活富裕是农民最关心的切身利益所在，是乡村振兴战略"以人为本"的重要体现。

据国家林业和草原局统计，截至 2017 年年底，中国 60％以上的贫困人口、14 个集中连片特困地区、592 个国家扶贫开发重点县分布在山区林区沙区。这些地区在地理空间上经济发展资源贫乏，而生态环境脆弱，是实施乡村振兴的困难所在。党的十九大报告明确提出"坚持扶贫开发与生态保护并重"。2018 年，基于公平性的考虑，国家发展改革委、国家林业和草原局、财政部、水利部、农业部、国务院扶贫办六部门印发联合发布的《生态扶贫工作方案》，要求发挥生态保护在乡村贫困治理中的作用，实现生活富裕与生态文明共赢。

乡村振兴战略实施以来，林业发展为广大乡村，特别是贫困地区，实现生活富裕具有不可或缺的促进作用。在生态保护与经济发展兼顾的原则下，林业通过以资源换资本的独特方式，从生态补偿、生态建设、生态产业、生态科技等多方面、多层次地促进农村居民扩渠增收。林业乡村振兴的实施不仅提高了农村居民的收入水平，还拓宽了其收入来源，保障了收入质量。

1. 生态补偿保障收入水平

中共中央、国务院提出《关于加快林业发展的决定》（中发〔2003〕9 号）以来，中国林业发展发生了一个历史性的转变，林业由传统的以木材生产为主转向以生态建设为主。加强生态建设，维护生态安全成为 21 世纪林业发展的重要责任。而中国大部分贫困地区与生态脆弱、敏感和重点保护的区域高度重合，使得当地居民陷入了资源利用约束与贫困加剧的尴尬困境。在生态资源保护任务日益急迫，地区贫困问题不断凸显的形势下，林业生态补偿成为化解生态保护与经济发展两者矛盾的有力举措。

2001年中央财政设立"森林生态效益补助资金"至今，林业生态补偿机制在多年的实践中不断完善与补充，并且与扶贫机制得到了有效结合。生态补偿与扶贫的结合机制主要基于两者客体的统一。生态补偿的客体为生态保护者以及生态利益受损者。前者是由于生态保护和生态建设付出了机会成本的个体，后者是由于生态资源破坏而遭受损失的个体。脱贫致富的帮扶对象则为经济条件落后的贫困户。处于生态红线地区的贫困户正是兼具了这种双重身份。生态补偿扶贫通过国家财政转移支付的方式将生态保护的外部收益转化为生态保护者与受损者的经济收益，从而增加生态重点保护区的农户的收入，提高贫困地区的生活水平。

2015年《中共中央国务院关于打赢脱贫攻坚战的决定》、2016年《关于健全生态保护补偿机制的意见》均提出，要增加重点生态功能区转移支付，通过生态补偿脱贫一批。2018年《生态扶贫工作方案》进一步明确，生态补偿扶贫应建立公平性的多元化的贫困地区生态保护补偿机制，并逐步扩大贫困地区和贫困人口生态补偿受益程度。2019年中央"1号文件"再次强调，夯实推进生态补偿扶贫，促进精准扶贫工作应与生态补偿的协调发展。相关政策文件的陆续出台表明，生态补偿是促进"保护生态环境"与"推动脱贫致富"目标有机统一，实现乡村地区可持续发展的重要途径之一。

自改革开放以来，为逐步提高生态红线地区农民的经济生活水平，逐渐消除贫困，带动经济发展，林业部门开展了有计划、有组织的大规模林业生态补偿脱贫致富工作，并取得一定的成果。目前为止，林业生态补偿扶贫的主要成效包括退耕还林补偿、生态公益林补偿以及生态护林员管护劳务补助等为贫困区农民所带来的财政性转移收入。

（1）退耕还林补偿

随着生态环境的不断恶化，生态保护任务迫在眉睫，中国于1999

年启动了退耕还林工程。退耕还林指的是，改变生态承受能力弱、不适宜耕种的土地的利用方式，将其化为退耕区，停止耕种活动并重新用于栽植林木或草，以恢复土地植被覆盖。退耕还林工程的实施对西部地区从源头防治水土流失、减少自然灾害以及改善气候条件具有重大意义。同时，退耕还林工程在一定期限内无偿向退耕者提供适当的粮食补助、种苗造林费和现金（生活费）补助，刺激了农民土地利用方式的改变，保障和提高了农民的收入水平，调整了农村土地利用结构。退耕还林工程是目前世界范围内覆盖最广、补偿规模最大以及个人参与程度最高的生态补偿项目，是带动集中连片贫困区域脱贫致富、实现乡村振兴的有效举措。

1999 年至 2013 年，中国启动了第一轮退耕还林工程，在推动生态修复与乡村富裕方面取得了显著成就。第一轮工程退耕还林面积累积 4.47 亿亩，中央财政补助多达 4 449 亿元，实施范围涉及 2 279 个县和县级单位，且将 14 片集中连片的特困区纳入实施范围，占总工程面积的 45%。该轮退耕还林工程直接普惠农户 3 200 万户、农民个体 1.24 亿人次。在该轮退耕还林中，生态补偿方式主要有三种，即粮食补助、现金补助以及种苗费。在标准方面，粮食补助标准是长江流域及南方地区每亩每年 300 斤、黄河流域及北方地区每亩每年 200 斤，而现金补助以及种苗费则是全国统一，前者为每亩每年 20 元，后者是一次性补贴每亩 50 元。还经济林补助 5 年，还生态林补助 8 年。2007 年，国务院把原定的 8 年补助又延长了 8 年，延长期内粮食补助标准减半执行，现金补助按照原标准执行。

基于第一轮的实践经验，2014 年启动的第二轮退耕还林工程更加重视减贫作用的公平与效率。一方面，退耕还林的实施范围不仅继续扩大，还使政策福利向贫困地区与贫困户倾斜。自 2014 年以来，中国退耕还林面积累计 5 486.88 万亩，实施范围覆盖了河北、山西、内蒙古等 21 个省（区、市）和新疆生产建设兵团。第二轮退耕还林工程的实施过程中，在退耕区域与退耕农户的选择原则方面，更加强调贫困地区与贫困户优先。这一原则的贯彻，使退耕还林工程进一步实现了生态保护与乡村减贫之间的协调统一。国家林业草原局的监测数据显示，在100个被调查的退耕还林样本县中，该轮退耕还林工程对建档立卡贫困户的覆盖率为 18.7%。其中，重庆城口县、甘肃环县和会宁县的覆盖率分别高达 48%、49% 和 39%。有研究发现，该轮退耕还林更凸显了减贫作用的公平与精准发挥，在不同收入水平的农户之间，退耕任务分配的集中度降至 0.03。另一方面，提高补贴标准，增强退耕还林补偿的增收作用，是新一轮退耕还林工程的另一重大进步。2014—2016 年，中央财政对退耕还林农户的补助标准为每亩 1 500 元，其中包括种苗造林费 300 元。2017 年退耕还林补助标准进一步上调，退耕还林种苗造林费补助由每亩 300 元提高到 400 元，意味着新一轮退耕还林总的补助标准达到每亩 1 600 元。根据国家林业局国家林业重点工程社会经济效益评估报告，截至 2017 年，监测农户户均获得退耕补助 5 609.7 元，人均纯收入相较 1998 年实际提高了近 3.5 倍，比同期全国农村居民人均纯收入实际高出约 0.5 倍。

（2）森林生态效益补偿补助

生态公益林建设是 21 世纪林业改革的关键任务，是推进林业现代化与可持续发展，维护生态环境安全的重大举措。生态公益林具有公益性性质，以发挥森林生态效益为首要目标，受益者为全社会。由于国家强制限制或禁止了生态公益林性质林木的采伐变现，被纳入生态公益林建设范围的林权使用者或经营者必然会承受经济收入方面的损失。为承担因生态公益林建设所带来的经济收入损失，国家为参与建设的农户提供了一定的经济补偿和管护补助，通过财政的转移支付作用，合理调整了整个社会的生态责任与利益分配。

1998 年《中华人民共和国森林法》提出，国家建立森林生态效益补偿基金，用于提供生态效益的防护林和特种用途林的森林资源、林木的营造、抚育、保护和管理。而后，国家财政部与国家林业局连续下发的《森林生态效益补助资金管理办法（暂行）》《中央森林生态效益补偿基金管理办法》，推动了中央森林生态效益补偿基金的建立与发展。2004年，中央森林生态效益补偿基金正式建立，其补偿基金数额由10亿元增加到20亿元，补偿范围由11个省区扩大到全国。

森林生态效益补偿补助包括管护补助支出和公共管护支出，其中，管护补助支出用于集体和个人的经济补偿和管护国家级公益林的劳务补助等支出。森林生态效益补助成为生态脆弱地区的农户依靠森林生态系统的生态服务（产品）获得转移收入，实现增收脱贫的重要路径之一。根据乡村振兴、精准扶贫的战略要求，近年来，森林生态效益补偿补助进一步向贫困地区倾斜，向建档立卡人口倾斜。同时，政策要求将符合条件的重点脱贫对象直接纳入生态效益补偿资金优惠政策享受者范围，予以生态补偿政策补贴。此外，森林生态效益补偿标准在不断提高，促进乡村脱贫致富的作用不断增强。2015年，国有国家级公益林补偿标准提高到每年每亩6元，2016年提高到8元，2017年进一步提高到10元，2018年再次大幅提高至每年每亩15元。

除国家级生态公益林建设补偿补贴外，省级政府根据其财政支付能力，为被划定为地方生态公益林范围的林权使用者或经营者提供一定的经济补偿补助。由于各地方政府的财政能力存在差异，其补偿补贴标准各有不同，但均在增收减贫方面发挥了重要作用。以广东省为例，其补偿补贴标准由1999年的每亩2.5元提高至2019年的每亩36元，累计惠及农户559.77万户、2 649.7万人。

（3）生态护林员管护劳务补助

直接的现金型生态补偿在短时期内具有显著的生态补偿增收效应，但其促进作用具有外生性质。为了提升乡村地区农户的内生发展能力，增加农户的人力资本和社会资本积累，岗位型间接补偿成为生态补偿增收机制的重要补充。生态护林员管护劳务补助，正是通过提供生态公益性岗位，为农户提供稳定的工资收入，以提高农户总体收入水平的一项乡村脱贫致富政策。

自2016年起，国家林业局开始对集中连片特困县和国家扶贫开发重点县的贫困人口进行建档立卡，并将具有劳动能力的建档立卡贫困人口选聘为生态护林员，通过生态补偿资金为其发放生态护林员管护劳务补助。《国家林业局办公室 财政部办公厅 国务院扶贫办综合司关于开展 2017 年度建档立卡贫困人口生态护林员选聘工作的通知》（林规发〔2017〕107 号）规定，生态护林员的年均补贴由中央和地方共同承担，中央财政补贴标准为每员年均 10 000 元；地方补贴标准由各地根据实际情况统筹考虑上一年度选聘的生态护林员管护补助标准、管护面积、管护难度和现有生态护林员劳务补助水平等因素进行确定。国家林业与草原局统计，2016 年以来，已累计投入中央财政资金 140 亿元和省级财政资金 27 亿元，且每年资金总额在不断增长。在贫困地区，100 万建档立卡的有劳动能力的贫困人口成为生态护林员，获得了参与生态保护所带来的经济收益，同时带动 300 多万贫困人口增收脱贫。

生态护林员管护劳务补助政策的推行，既是扩充基层生态保护队伍，建设生态脆弱区林草资源保护网的必要措施，也是带动因资源或者技能禀赋限制导致就业困难的贫困群体实现就业，通过劳动获得稳定收入，提高经济水平的重要途径。该政策有利于实现乡村生态富裕与生活富裕的双重目标。国家林业与草原局提出，到 2020 年，争取新增生态管护员岗位 40 万个，加大生态护林员管护劳务补助政策的增收致富作用，共享生态保护成果。

2. 生态建设转变收入方式

森林资源是我国生态建设的重要载体，是我国维护生态安全、维持生态环境可持续的屏障。20 世纪 70 年代起，中国林业生态工程建设坚持以生态保护为主，承担着促进山区生态环境修复与改善的重任。基于广大贫困乡村地区的地理分布特征，本土居民由于经济来源匮乏，对自然资源的依赖程度较高。森林资源也是大量贫困乡村实现人口经济发展和提高生活水平的依赖。因此，林业生态工程建设的所在区域也面临着经济发展落后的发展困境。严苛的森林资源保护管理模式虽然在资源保护与生态维护方面具有明显的作用，但也严重地制约了本土居民的生存条件，阻断了他们基本的生活来源，极易激发生态工程建设负责部门与当地社区之间的矛盾。林业生态工程建设的可持续与本土居民经济发展的可持续必须协调与统一。

生态重点保护区域产生贫困的根源在于绿色发展能力贫乏，林业生态工程建设应当在保护生态环境的同时，促进绿色发展，带动地区脱贫致富，将项目建设成效与农民的可持续生计联系起来。通过引导本土居民参与项目建设，林业生态建设工程可以让其在主动成为森林资源与环境的保护者的同时，共同分享生态建设的收益，从而化解偏远乡村地区人口生存、发展与生态环境的矛盾。2018年《生态扶贫工作方案》进一步明确提出，加强退耕还林还草工程、退牧还草工程、青海三江源生态保护和建设二期工程、京津风沙源治理工程、天然林资源保护工程、"三北"等防护林体系建设工程、水土保持重点工程、石漠化综合治理工程、沙化土地封禁保护区建设工程、湿地保护与恢复工程、农牧交错带已垦草原综合治理工程等重大生态工程建设，加强贫困地区生态保护与修复的同时，工程项目和资金安排向贫困地区倾斜，有效发挥生态扶贫助贫的作用。现实中，我国的林业生态建设工程在各项环境治理等项目中，挖掘了大量的相关就业岗位，聘请雇用本土有能力的居民参与工程建设，为其提供稳定的就业岗位和经济收入。

（1）天然林资源保护

中华人民共和国成立初期，国内生产所需的木材主要来源于天然林。由于国家经济建设的需要，我国天然林资源被过度采伐，导致生态环境的严重恶化。在现代林业理论、"林业分工论"、可持续发展理论的思想指导下，国务院于1998年提出实施天然林资源保护工程，以减少天然林资源的采伐，遏制生态环境恶化，修复和维护生态环境平衡。1998年启动工程试点至今，天然林资源保护工程经历了三个实施阶段，分别是1998年至1999年的试点时期、2000年至2010年的工程一期以及2011年至2020年的工程二期。

天然林资源保护工程实施以来，不断扩大覆盖范围，已实现了从保护重点区域天然林到"争取把所有天然林都保护起来"。试点阶段对长江上游、黄河上中游地区天然林实施全面禁伐，对东北地区天然林实行计划性禁伐和限伐，同时通过飞播造林、封山育林和退耕还林等方式加快林草植被的恢复。该阶段的工程范围涉及了云南、四川、重庆、贵州、陕西、甘肃、青海、新疆、内蒙古、吉林、黑龙江和海南等 12 个省（区、市）。第一期天保工程的实施范围扩大至长江上游、黄河上中游、东北内蒙古以及新疆、海南等重点国有林区的 17 个省（区、市）的 734 个县和 167 个森工局。第一期天保工程的成功实施，为天然林资源和生态环境的修复任务带来了巨大的成就。为进一步巩固第一期天保工程的建设成果，加大天然林资源保护力度，第二期天保工程在天保一期工程基础上增加了丹江口库区的 11 个县（市、区）。2016 年，经国务院批准，"十三五"期间全面取消了天然林商业性采伐指标，全国天然商品林采伐全面停止。截至目前，我国涉及 26 个省（区、市）和新疆生产建设兵团的国有天然林及江西、福建等 16 个省区的集体和个人所有天然商品林全部纳入保护范围。

天然林资源保护工程不仅修复改善了我国的生态环境，还改变了林区居民的生计方式。天保工程实施的 20 年间，我国始终坚持工程建设与保障民生相结合，通过天然林管护补助、公益林森林生态效益补偿、社会保险补助以及政策性社会支出相关补助等财政政策，转变了林区居民的收入方式，解决了停伐禁伐给林区经济发展带来的负面影响。工程实施以来，国家的政策补助一直坚持动态管理原则，随着工程建设不断深入，补助标准也在不断调整。工程一期的森林管护补助标准为 1.75 元/亩·年（中央财政 1.4 元/亩·年）。工程二期方案大幅度提高了森林管护标准。工程初期，中央财政按照 5 元/亩·年的标准安排森林管护补助费，与国有国家公益林生态补偿标准一致。2016 年以来，天然林管护补助标准逐年提高，2017 年进一步提高至每年每亩 10 元，2018 年再次大幅提高至每年每亩 15 元，2019 年已提高至每年每亩 16 元。目前，全国各省市区国有天然林全部纳入了管护补助范围。对河北、湖南、福建等 16 个省区的部分集体和个人所有天然林资源给予了停伐管护费补助。

同时，国家在天保工程启动之初就制定了针对企业社会性支出和职工生计问题的资金投入政策，在天保工程区实现了国有林区职工基本养老保险和基本医疗保险全覆盖，有效解决了在册职工的社会保障问题，缓解了林区就业困难群体的生活困难。天保工程区国有林区国有职工基本养老保险和基本医疗保险实现全覆盖。社会保险缴费基数由天保工程区所在省 2013 年城镇单位在岗职工平均工资的 80％提高到 2016 年的 80％。截至 2019 年，国有林业职工基本养老和基本医疗保险参保率达95％以上。2019 年中央财政安排天保工程社会保险补助 75.29 亿元。此外，政策性社会性支出相关补助标准也在不断调整。教育补助由每人每年 3 万元提高到 3.45 万元，提高 15％；东北内蒙古等重点国有林区医疗卫生补助由每人每年 1 万元提高到 1.15 万元，长江上游、黄河上中游地区由每人每年 1.5 万提高到 1.725 万元，均提高 15％，政府事务补助由每人每年 3 万元提高到 3.3 万元，提高 10％；消防、环卫、街道等社会公益事业补助由 2008 年当地城镇单位在岗职工平均工资的 80％提高到 2015 年的 80％。解决林区就业问题也是天保工程的一大重点，根据《长江上游、黄河上中游地区天然林资源保护工程二期实施方案》，天保工程二期，森林管护、公益林建设、中幼龄林抚育和政策性社会性岗位等，不仅为国有职工提供 20.53 万个就业岗位，还可为社会创造大量的就业机会。经测算，工程项目建设和相关政策措施可安置 44.32 万人就业，其他人员可通过木材生产和林副产品开发得到妥善安置，可基本解决职工转岗就业问题。20 年来，95.6 万富余职工得到妥善安置，67 万人员长期稳定就业，民生得到显著改善，林业保护意识明显增强。

（2）湿地保护与恢复

中央财政高度重视湿地保护工作，从 2010 年起，探索建立湿地补助政策。2013 年 10 月，武汉市在全国第一个推出"湿地生态补偿机制"——《武汉市湿地自然保护区生态补偿暂行办法》，改堵、控为疏、导，用激励机制引导农民调整种植和养殖方式。政府拿出 1 000 万元，按照自然保护区核心区每年每亩补 25 元，缓冲区补 15 元，实验区补 10 元的标准，对因湿地保护需要，实行生态和清洁生产，生产经营受到限制的权益人和在从事种、养殖业生产过程中因遭受鸟类等野生动物取食而造成经济损失的权益人进行生态补偿。

2016 年《林业改革发展资金管理办法》提出，每年从林业改革发展资金中安排专门的湿地补助资金，用于支持湿地保护工作。资金支出方向包括：对林业系统管理的国际重要湿地、国家重要湿地以及生态区位重要的国家湿地公园、省级以上（含省级）湿地自然保护区开展湿地保护与恢复的相关支出进行补助；对林业系统管理的国际重要湿地、国家级湿地自然保护区、国家重要湿地范围内的省级自然保护区实施退耕还湿进行补助；对候鸟迁飞路线上的林业系统管理的重要湿地因鸟类等野生动物保护造成损失给予补偿。2018 年，根据《全国湿地保护"十三五"规划》湿地保护工程中央预算内投资 3 亿元，实施湿地保护与恢复项目 12 个；中央财政安排湿地保护补助 16 亿元，实施湿地保护恢复补助项目 336 个，湿地生态效益补偿 22 处，退耕还湿 30 万亩。至此，湿地生态工程建设与当地居民的经济收入保障之间的协调统一得到了充分的实践。2019 年，江西省统筹安排 2 700 万元，专项用于补偿鄱阳湖湿地周边 12 个县（市、区）因候鸟保护造成损失的湖区群众、社区及相关保护区，比 2018 年增加了 700 万元，以破解鄱阳湖"人鸟争食"难题，为候鸟"保驾护航"。补贴标准则根据受损耕地面积多少，原则上每亩 80 元，各地可因情况不同而上下调幅不超过 30%。

3. 生态产业扩大收入来源

林业产业是林区群众收入的主要依托，也是乡村群众增收致富的重要渠道。而林业生态产业是潜力最大、规模最大的绿色经济，产品种类多、涵盖广、产业链长、就业量大，是"绿水青山"转化成"金山银山"的重要载体。林业生态产业乡村致富的可持续性较强，但林业产业尤其是林业第一产业投入大且周期长，单纯实施生态建设在一定程度上会侵蚀林业产业致富模式的实施成效，尤其是会对包括乡村居民在内的各类经营主体投资林业产业的意愿形成明显的抑制作用。依托和发挥贫困地区生态资源禀赋优势，选择与生态保护紧密结合、市场相对稳定的特色产业，将资源优势有效转化为产业优势、经济优势。

科学合理利用林业、草原和湿地等生态资源，大力发展木本油料、森林旅游、竹藤花卉、林下经济等绿色富民产业，积极推动各地将生态优势转化为经济优势，可以提升群众自主致富能力，使乡村振兴由"输血式"向"造血式"改变，对于促进乡村人口脱贫致富，实现乡村经济社会可持续发展具有显著效果。2015 年，国家林业局和国家开发银行签订协议，双方将共同支持国家储备林基地建设、森林旅游、木本油料产业及林产品精深加工项目，通过整合和统筹财政资金，集中力量解决产业发展投入不足的问题，实现产业发展与精准扶贫相结合。此后，林业部门坚持政府引导、市场主体，指导林区因地制宜发展木本油料、森林旅游、林下经济、种苗花卉等生态产业，并且积极出台支持贫困地区生态产业发展的指导文件、相关规划和政策举措。此外，林业部门还积极推广"龙头企业＋新型经营主体＋农户"等模式，完善利益联结、收益分红、风险共担机制。

（1）木本粮油料

我国 60％的贫困人口分布在山区，林地资源是山区最重要的生产资料，也是破解山区群众脱贫难题的关键所在。2015 年，国家林业局、财政部、国务院扶贫办、国家开发银行联合出台了《关于整合和统筹资金支持贫困地区油茶核桃等木本油料产业发展的指导意见》。油茶、核桃等木本油料在山区种植面积广，不与粮食争地，经济效益高、收益期长，能持续稳定增加国内食用植物油的供给，对于维护国家粮油安全具有重要意义。

以油茶为例，油茶林盛果期每亩产值都在 3 000 元以上，种植 1 亩以上油茶可实现脱贫，而且长期受益。发展油茶产业，既可以提高贫困户的参与度，又可以提高贫困户发展油茶的资产收入、劳务收入，切实提升油茶对精准脱贫的贡献率。当前，油茶在多个集中连片贫困地区被推广种植，被各级地方政府，特别是贫困县作为重要的脱贫产业纳入了当地的脱贫规划，在资金整合中给予积极倾斜，为贫困地区发展油茶产业提供了良好的政策条件。在《林业产业发展"十三五"规划》中，油茶产业发展工程被列入 11 个林业产业重点工程。规划提出，力争到 2020 年油茶种植总规模达到 466.67 万公顷，茶油产量达到 150 万吨，形成相对完备的油茶产、供、销产业链条，形成资源相对充足、利用水平高、产出效益显著的油茶产业发展格局。

（2）林下经济

作为一种新型的经济产业，林下经济是在维护生态环境安全的基础上，以科学发展观为指导思想，将农民增收作为其最终目的的一种林业发展方式。林下经济产业基于对林地资源优势的充分利用，不仅能够大大提升森林产业的综合效益，而且还能够深化林业经济产业的发展，并促使林下经济产业逐渐向着规模化、产业化和集约化的方向发展。发展林下经济，对缩短林业经济周期，增加林业附加值，促进林业可持续发展，开辟农民增收渠道，发展循环经济，巩固生态建设成果，都具有重要意义。

2012 年《关于加快林下经济发展的意见》强调，坚持生态优先，确保生态环境得到保护；坚持因地制宜，确保林下经济发展符合实际；坚持政策扶持，确保农民得到实惠；坚持机制创新，确保林地综合生产效益得到持续提高。努力建成一批规模大、效益好、带动力强的林下经济示范基地，重点扶持一批龙头企业和农民林业专业合作社，逐步形成"一县一业，一村一品"的发展格局，增强农民持续增收能力，林下经济产值和农民林业综合收入实现稳定增长，林下经济产值占林业总产值的比重显著提高。

林下经济因其投入少、见效快、易操作、潜力大的经营特点，在全国各地迅速发展起来。近年来，各地区大力发展林下中药材、林下养殖、高产饲草种植、草食畜牧业等产业，积极引导贫困人口参与特色种养业发展，取得了积极成效。林下经济产业的迅速发展对于增加农民收入、巩固集体林权制度改革和生态建设成果、加快林业产业结构调整步伐发挥了重要作用。

（3）森林旅游

林业部门经调查发现，森林资源富集的风景优美之地大多位于经济相对落后的大山区、大林区。全国 832 个贫困县中，仅国家森林公园就达到 227 处，占国家森林公园总数的近 29％；有 432 个贫困县分布有各级森林公园，占贫困县总数的 52％。近年来，很多地区依托区位和资源优势，大力发展森林草原生态旅游产业，引导森林公园、国有林场、自然保护区、草原周边有能力的贫困人员发展农家乐、林家乐，增加经营性收入，同时培训贫困人员参与景区服务性工作，增加其工资性固定收入。

2012 年以来，我国森林旅游治理体系初步形成，供给能力显著增强。2017 年，全国森林旅游游客量累计达 46 亿人次，年均增长 15.5％，创造社会综合产值 3.34 万亿元。2018 年《生态扶贫工作方案》提出，大力发展生态旅游业，在贫困地区打造具有较高知名度的 50 处精品森林旅游地、20 条精品森林旅游线路、30 个森林特色小镇、10 处全国森林体验和森林养生试点基地等，带动 200 万贫困人口依托森林旅游实现增收。2018 年，依托森林旅游实现增收的建档立卡贫困人口达 35 万户。2019 年，森林旅游吸纳社会投资总额达 1 400 亿元，全国依托森林旅游实现增收的建档立卡贫困人口约 110 万人，年户均增收 3 500 元。森林旅游已成为继经济林产品与采集业、木材加工与木竹制品制造业之后，第三个年产值突破万亿元的林业支柱产业。据国家林业和草原局发布的《林业发展"十三五"规划》，我国将力争实现森林年生态服务价值达到 15 万亿元，林业年旅游休闲康养人数突破 25 亿人次的发展目标。

4. 生态科技增强收入能力

脱贫致富离不开科技力量的智力支撑，林业科技在乡村振兴中起到举足轻重的作用。科技是第一生产力，没有技术支撑林业产业难以发展，产品的提质增效难以实现。近年来，我国坚持"科学技术就是第一生产力"，主动适应林业发展新形势，积极发挥林业科技助推脱贫攻坚关键作用。在推进林业科技服务、林业产业发展、科技成果转化应用上不断探索和实践，生态科技发展为改善贫困地区生产生活条件，提高林业生产力水平，促进贫困群众增收致富作出了很大贡献。

其一，全面实施林草科技创新、成果转移转化和标准化提升战略，加强科研机构能力建设，完善科研评价和激励机制，建立产学研用多学科、跨地域协同创新机制，强化基础研究，抓好技术示范与推广应用，着力提升生态科技支撑引领水平。其二，加强基层机构队伍建设，多渠道引进和培养高水平专业人才，为林业乡村振兴提供更好的人才保障。其三，着力优化创新环境，鼓励各级林业科研院所投身到乡村振兴科技支撑行动中来，加大宣传力度，加强成果转化调研，完善体制机制。其四，持续加大投入保障，把人财物等各类资源向乡村振兴科技支撑工作倾斜，引导林业企业等民间资本加大对乡村振兴科技开发、推广和应用的投入。其五，组织林业专业技术人员深入贫困地区，通过集中授课、现场培训等方式，以科技扶贫服务助推实用技术，提高贫困户的劳动技能，使他们成为脱贫致富的能手。

2018 年，中国林业科学研究院发布了《中国林科院乡村振兴科技支撑行动方案》（以下简称《方案》）。针对乡村振兴中的科技创新短板，《方案》计划实施决策咨询、绿色富民、产业提升、美丽乡村、生态文化等"五大行动"。选择典型区域，以县、乡为单元，打造"十大样板"，为实现林业现代化和乡村振兴提供理论指导、技术支撑和典型示范。《方案》指出，到 2020 年，乡村振兴取得重要进展。研发 20 项绿色富民和美丽乡村建设核心关键技术，集成 10 项产业提升典型模式，初步打造 10 个乡村振兴示范样板，培育 10 000 名新型林农。到 2035年，乡村振兴取得决定性进展。研发 100 项绿色富民和美丽乡村建设核心关键技术，集成 50 项产业提升典型模式，辐射带动 100 个乡村振兴示范基地，培育 100 000 名新型林农。到 2050 年，乡村全面振兴。

第三部分 林业促进乡村振兴案例

案例一：山东宁阳县——集体经济引领脱贫致富

（一）宁阳县区域概况

宁阳县，西汉时汉高祖于宁山（今伏山村南）之南置县，因山南为阳，故名宁阳。宁阳现隶属山东省泰安市，位于鲁中偏西，泰安市南部，东邻新泰市，西连汶上县，南与兖州市交界，东南与曲阜市、泗水县接壤，北以大汶河为界与岱岳区、肥城市相望。截至2018年，全县总面积1 125平方千米，下辖2个街道、10个镇、1个乡，常住人口77.38万人。其中乡村人口42.32万人，占55.69%。全县有汉族、回族、藏族、苗族、壮族、满族、水族、朝鲜族等8个民族，绝大多数人口为汉族。

宁阳境内地势东高西低，东部多为低山、丘陵，西部多为平原。截至2018年年末，县内公路通车里程达到2 554.5千米，其中国道通车里程为100.4千米（含高速公路），省级道路通车里程23.5千米，县级道路通车里程307.7千米，乡级道路通车里程286.2千米，村级道路通车里程1 836.7千米。新改建"四好"农村路279.6千米。京沪、山西中南部铁路专线、磁莱铁路在宁阳县境内交轨，京沪高铁、京福高速公路、104国道、济微公路纵横南北，蒙馆公路横跨东西，京沪高速铁路穿过县境东部，晋豫鲁铁路运煤专线自西向东横穿宁阳县6个乡镇和1个经济开发区，宁阳县境内铁路里程达85.14千米。

2018年，宁阳县全年实现地区生产总值（GDP）443.6亿元，其中，第一产业增加值 52.5 亿元，第二产业增加值 189.3 亿元，第三产业增加值 201.8 亿元，三次产业比例调整为 11.8：42.7：45.5，人均生产总值 57 304 元。其农林牧渔业总产值 103.1 亿元，比上年增加 4.7 亿元；实现增加值 56.6 亿元，比上年增加 2.7 亿元；按可比价格计算，总产值、增加值分别比上年增长 4.1%、4.5%；增加值率为 54.9%，比上年下降了 0.1%。

（二）宁阳县林业乡村振兴的探索与成就

很多村集体经济举步维艰，原因在于观念陈旧、办法不灵活、规划不清晰。根据泰安市村集体经济"跨五跃十"行动要求，宁阳县树立"经营村庄"的理念，大力推进"三资"清理，推广土地流转、依托乡村振兴服务队和企业带动、盘活资源、建设田园综合体等强村富民路子，引导各村用活发展政策、选准产业增收项目，增强村集体经济"造血"功能，实现集体经济创收逆袭。

1. 清理 "三资" 盘活集体资产

近年来，宁阳县扎实推进村集体"三资"清理工作。"三资"清理是盘活集体经济的先决条件。但该工作触及利益深、遗留问题多、涉及范围广，一直是农村集体经济发展的一大难题。然而，唯有查清查明农村集体所有的资金、资产和资源，才能对回收的闲散土地进行盘活利用，使资产存量变增量。

农村基层组织是"三资"清理的组织保障。农村基层组织建设薄弱，很难彻底实现"三资"清理，村集体经济发展也没有保障。为使得集体经济薄弱村"有土地有干劲有奔头"，宁阳县着力开展后进村党组织整顿工作，在全县开展村级班子"大排查、大整顿"活动，根据村干部精神状态、发展能力、"三资"清理情况、集体经济发展状况，对村班子特别是党支部书记进行分析研判，解决突出问题、完善运行机制。在"三资"清理过程中，累计调整村党支部书记 72 名。

2019 年 4 月，宁阳县全面铺开村集体"三资"清理工作，通过专班化推进、专业化清理，目前共收回欠款 6 000 余万元、土地 2.2 万亩，每年村集体可稳定增收 1 700 余万元，清理工作初见成效。此外，宁阳县积极引导村集体对零星分散的"边角地""四荒地"化零为整生产经营或实施"一村万树"工程。例如，伏山镇施家村对村内空闲地、残垣断壁、村外场院地进行清理，整理土地 103 亩，栽植石楠、樱花等苗木 1.6 万株，既建成了"绿色银行"，又助力了集体增收。

西场村为宁阳县"三资"清理试点村，成立的村工作小组对照村民地亩册上的耕地面积进行实地丈量现场核实，清理出村民多占耕地 52 亩，坑塘、场院和宅基地 40 亩，同时把个别群众私自占用的 6.7 亩林地收归村集体，通过销售树木增加收入 20 万元。此外，该村将租用时间过长、价格过低的土地进行回收。该村村民反映，过去全家收入就指着自家 7 亩地，种粮收益不到 7 000 元。土地由村里按 1 000 元/亩统一流转出去承包给种植大户种植草莓、毛豆、西蓝花、苗木等。在基地需要雇用劳动力的时候，闲置劳动力可以去基地打工，一年收入可以额外增加 8 000 到 9 000 元。2019 年，宁阳县伏山镇西场村的村集体经济收入达 31.8 万元，与 2018 年相比实现增幅 900%，被评为泰安市发展集体经济进步村。

2. 成立乡村振兴服务队输送人才科技

资产清理是手段，盘活增值是目的，管好用好是保障。清理出的资产资源要因地制宜、因村制宜，探索保值增值的路子。乡村振兴战略的实现最缺的就是人才和科技。乡村振兴服务队为乡村发展补上了这一短板，不但帮助引进了省农科院的专家人才团队，还带来了新品种、新技术、新模式，帮助当地成功申报了全国农业产业示范强镇等重大项目。2018 年 9 月，山东省委决定，以服务乡村振兴为重点，选派千名干部下基层，成立 100 个工作队，服务 17 市、49 个县（市、区）、50 个乡镇（街道）、250 个村、170 家民营企业和 30 家省属企业。其中，山东省派驻宁阳县乡村振兴服务队由来自 8 个省直部门和单位的 10 人组成，由山东省农业科学院副院长带队，重点对接服务东疏镇及 5 个行政村。

乡村振兴服务队采取规划先行，分步实施，夯实基础，全面推进的工作思路。根据镇村的集体经济薄弱，集体产业缺失的现存问题，将产业振兴作为首要任务。省派宁阳乡村振兴服务队入驻东疏镇之后，开始对包括刘茂村在内的5个重点对接服务的行政村进行走访调查，并根据他们的发展需求，编制了《五村片区乡村振兴实施规划》。

服务队相当于一个主轴，将农林业专家与当地林农联合起来，有效地推动了先进生产技术和生产经验的推广与普及，减少林农的盲目性，提高生产效益。传统苗木市场经营风险较大，容易遭遇市场低迷。乡村振兴服务队通过延长苗木的产业链，根据市场需求和当地条件，选择优良品种，引导林农栽植食药赏苗木。在乡村振兴服务队的林业专家的指导下，东疏镇刘茂村林农将传统苗木换植为可发展食药赏的皂角树，种植面积120亩，并计划在下一季栽植林下作物。在省派乡村振兴服务队帮助下，宁阳县邀请专家从品种选择、种植模式、技术服务、市场分析等环节入手，助力开展苗木产业二次创业，建设食药赏苗木特色产业园项目，一期流转土地120亩栽植皂角5 600棵，林下栽植芍药、油菜花等观赏花卉，亩均效益5 000元以上。一年多来，服务队先后邀请专家学者200多人次到东疏镇开展培训或技术服务。东疏镇成功申报了全国农业产业示范强镇，还被确定为泰安市乡村振兴示范区。

3. 强村强企对口帮带集体经济弱村

为加大帮扶力度，2018年开始，宁阳县组织开展集体经济薄弱村强村强企"双强帮带"活动，确定41家企业、22个强村对口联系帮带58个薄弱村。2019年又有28家企业联系帮扶30个村，深入推进"百企联百村"活动。建立领导干部联系包保机制，县各大班子成员联系指导、县直部门"一把手"结对帮带、乡镇党政班子全员包保，实现10万元以下村包保"全覆盖"。

为加快生态绿色伏山建设，深入实施乡村振兴战略，伏山镇与国家"万人计划"获得者、山东泓森林业有限公司董事长侯金波签署合作协议，启动实施了"泓森槐立体农林高效产业化"项目。该项目依托以侯金波为主的高层次人才团队和科研支撑，发展以泓森槐、泓森榆、冠红杨等为主要品种的速生成材林，并逐步延伸产业链条，发展林下经济、板材加工、能源林等相关产业，加快林业新旧动能转换，让本县农户在绿色发展中获得经济、生态、社会效益。目前，该项目已完成投资 650 万元，建设育苗棚 12 个、发展繁育基地 4 处、500 亩，年出苗近 300 万株，辐射带动施家村、陈庙村等近百名农户从中获益。自从基地建立以来，该项目受到了村两委和村居民的高度认可和支持，发展前景非常广阔。山东泓森林业有限公司计划进一步扩展种植规模，在两年内达到两万亩，同时依据泓森槐、泓森榆延伸产业链条，发展林下养殖、生物质燃料、菌棒、木板初加工等产业环节，为乡村振兴发挥重要作用。

4. 建立特色党建小组发挥带头作用

宁阳县通过党支部主领成立合作社，发挥党建小组在乡村振兴中的带头模范作用，与企业、村民和其他经济组织开展深度合作，使资源变资产、资金变股金、农民变股东，农业产业化潜力得到不断释放。

以其辖管的东疏镇为例，该镇依托苗木产业优势，在深入实施"万树村"工程基础上，探索实践在新型农业经营主体设立党小组的做法。每村培育一个精品主导产业，设置"产业党小组"，利用党小组加强产业链发展延长、发挥合作社带动农户增收创收作用。至今，东疏镇已组建生态旅游、苗木花卉、绿色蔬菜、纺织服装、奶牛养殖、本草加工 6 个特色产业党小组，参与党员 200 余人，以党小组为骨干带动 123 户群众致富。2019 年东疏镇产业党小组成员人均年纯收入 3 万元，其中 10 多名成员年收入超过 10 万元，新增就业岗位 100 多个，带动村集体增收约 60 万余元。

5. 引进发展项目发挥辐射带动作用

八仙桥街道以项目带动为核心，同时推动村庄美化、道路绿化，促进群众享受"发展红利"和"绿色福利"。自项目实施以来，八仙桥街道共发展苗木花卉 300 亩，完成村庄绿化 3 320 米，生态廊道（绿色通道）3 260 米，农田林网 500 亩，共栽植各类树株 15 000 棵。通过大力发展林业生产，既壮大了村集体经济，又改善了人居环境、助力了乡村振兴。村民不仅能享受"发展红利"更能享受"绿色福利"，获得感幸福感逐年上升。

八仙桥街道沙岭村是宁阳县林业生产大发展的一个缩影。首先，沙岭村充分发挥现有燕园和金阳山水两个大项目的辐射带动作用，通过项目带基地，基地带动农户，新发展苗木基地 300 余亩。其次，对各村环村林、村内主干道、村内空闲地等进行了立体化规划设计，既确保绿化全覆盖，又保证乡村美化的协调统一。并且，沙岭村推行农户"门前三包"的管护方式，保证了绿化美化的成果；利用村大喇叭，动员群众积极参与"爱树养树"行动，提升群众植树造林、保护环境的意识。此外，坚持因地制宜，沙岭村坚持高标准建设道路林带，为辖区内新修 3 000 米宁花路，栽种 750 棵高标准水杉，提升了乡村景观美感。同时，沙岭村加强已绿化路段的管护和监督，确保道路绿化工作有序推进。

案例二：山西吕梁市——合作化造林的"生态扶贫样板"

（一）吕梁市区域概况

吕梁市，得名于贯穿其全境的吕梁山脉，现隶属山西省。在地理位置上，吕梁市地处山西省中部西侧，东邻太原、晋中，西与陕北隔黄河相望，南接临汾，北毗忻州。其全境国土面积 2.1 万平方千米。

吕梁下辖 1 区（离石）2 市（孝义、汾阳）10 县（交城、文水、兴县、岚县、临县、方山、柳林、中阳、交口、石楼），81 镇、67 乡、13 个街道。根据 2019 年的人口抽样调查，全市常住人口 389.09 万人，有 36 个少数民族在此散杂居住。2019 年，吕梁市居民人均可支配收入 18 369 元。其中，城镇居民人均可支配收入 29 181 元；农村居民人均可支配收入 9 963 元。

因位于黄土高原，地处晋陕大峡谷，吕梁市地势东北高西南低，吕梁山区半山区面积占全境面积的 91.8%，森林覆盖率仅为 26.45%。吕梁市作为我国水土流失最严重的地区之一，生态环境亟待改善，治理任务十分艰巨。长期以来，吕梁的生态脆弱与经济贫困相互交织，互为因果，滋生了 10 个贫困县，成为全国 14 个集中连片贫困地区之一。

（二）吕梁市林业乡村振兴的探索与成就

乡村振兴战略实施以来，吕梁市在生态建设方面，先行创新造林机制，探索合作社造林先进模式，大力推广岚县"合作社＋贫困户，政府购买式造林"的做法，成立扶贫攻坚造林专业合作社。在此基础上，吕梁为了使贫困户参与造林，获取收益，同时解决造林任务落实难、管护难的问题，积极出台合作社管理办法和议标办法等文件，形成了常规造林工程由"合作社＋贫困户"承揽，重点区域由"公司＋合作社＋贫困户"或"公司＋贫困户"实施的模式。同时，通过农村土地所有权、承包权、经营权的分置，盘活林业资产和资源，增加了林业资产性收益。而在经济林提质增效和特色林产业发展方面，吕梁因地制宜，以产业化、规模化、标准化、精品化的发展方式，有效带动了农户创收增收，共享生态建设的经济成果。

在合作化造林的推动下，吕梁在生态治理和乡村贫困治理任务上取得了瞩目的成就。

近 5 年，当地年平均降水量增加 81.8 毫米，每年流入黄河泥沙量减少 700 万吨以上。吕梁成为全省自然环境优化率最高的地区之一，空气质量连续三年位列全省前三。当地有 7.6 万人靠合作化造林脱了贫，直接受益贫困人员 40 万人以上。

2017 年吕梁的合作化造林模式全国推广；2018 年获得"全国扶贫攻坚组织创新奖"；2019 年获得"中国最具生态竞争力城市"称号。

1. 建立扶贫攻坚造林专业合作社

林业生态建设不仅是乡村振兴生态宜居治理的重要内容，也是实现山区产业兴旺、生活富裕的基本前提。吕梁市依据其地理环境和资源条件，将生态治理与经济发展密切结合，探索出"扶贫攻坚 造林专业合作社"的形式，改变了山区人民生态建设与经济发展之间相互割裂的落后发展思想，使他们自愿参与并切实分享生态建设带来的多重效益。

吕梁市下辖的岚县是合作化造林模式创始地，是一个拥有 4.016 万贫困人口的国家级贫困县。该县宜林荒地多，而贫困劳动力就业困难。2016 年，在实施生态建设，造林绿化任务时，该县为了带领贫困人口脱贫，成立了扶贫攻坚造林专业合作社，将原本的"公司造林"变成"合作社造林"。扶贫攻坚造林专业合作社主要是将具有劳动能力的建档立卡贫困人口组织起来，通过议标方式承包造林绿化工程，给予参与工程的贫困人口相应的劳务费。合作化造林机制的诞生，不仅改善了生态环境，而且增加了贫困群众的收入。仅一年时间，全县成立了 47 个扶贫攻坚造林专业合作社，承揽造林 5 万亩，参与造林的社员人均增收 5 000 元，受益贫困户 1 751 户、贫困人员 5 155 名。据合作社社员反映，他在合作社从事沙棘苗的培育、栽植、浇水、拔草、喷药等日常工作，一年收入可达 3.5 万元左右。

经过岚县的实践，吕梁不断总结经验，在广石县进一步探索出了"合作社造林加支部，造管营结合能禁牧，村社员分配都兼顾，两战役双赢快致富"的新模式。该模式下，造林合作社必须由村党支部领办，实行一村建一社，所有行政村实现合作社全覆盖，充分发挥了党支部的领导作用。同时，该模式利用村、合作社、社员三者分配的利益联结机制，建立了社员进入、退出的动态管理机制，积极吸纳有参加意愿、具备劳动能力的贫困户，并探索吸纳部分"边缘贫困户"参加造林合作社，调动基层干部群众参与造林的积极性。当前，石楼县由村党支领办组建了 146 个造林合作社，不仅实现了村集体经济的零突破，同时为超过 9 900 名贫困人口提供了增收机会。

合作化造林机制的建立成为吕梁林业乡村振兴的一大创举，也是其实现生态治理与生态扶贫相统一的一大亮点，成为全省乃至全国的学习范本。截至 2018 年年底，全市共组建造林专业合作社 1 301 个，吸纳贫困户社员 2 万余户，完成造林 300 余万亩，通过生态扶贫带动 50 余万人脱贫致富，生态环境也得到了根本改善。

2. 规范提升造林专业合作社管理

为了使造林专业合作社在促进增绿基础上发挥更大的脱贫带动力，吕梁十分重视规范和提升造林专业合作社管理。在合作社资金组成上，吕梁坚持"党建引领，能人带头，农民主体，共同富裕"，大力推进"股份制改革"。在合作社股份构成结构上，吕梁规定村集体经济组织的股份占比控制在 15% 左右，能人或带头人的股份占比不超过 20%，农户股份占比不低于 65%。股份结构的规定安排，更加凸显了农民群众在造林增绿增富中的主体地位，不仅解决了贫困户入股和合作社运营资金短缺的难题，还促进了村级集体经济壮大和参与农民的增收。在合作社管理方面，吕梁建立了一套规范严格的决策、经营和监督体系，保障合作社规范运营，高效可持续发展。造林合作社按照合作社管理制度和财务会计制度，规范建立成员账户，公开合理分配收益，依规成立经营监督组织机构，使用全国统一的农民专业合作社财务管理系统，通过银行转账形式逐阶段支付合作社成员劳务工资，实现经营资金闭环管理，盈余收入公平分配。其次是充分运用好购买造林、金融保险支持等政策，鼓励造林专业合作社在社内所有或管护经营的林业用地上，按照国家要求自主造林，达到标准之后予以验收并发放补助。造林专业合作社或联合社也可以在本村或就近通过合作、流转、托管等方式选定造林地，提出拟造林的树种，而后向县级林业部门申请、审核，并进行规范设计，签订购买造林协议，由造林专业合作社组织造林，实现造管用一体，可持续经营。

3. 激活林业资源获取资产性收益

沙棘是自然生长繁衍于吕梁的一种乡土树种，而吕梁独特的气候条件赋予了吕梁沙棘在林产品市场上的独特魅力。岚县是林业资产性收益改革试点，以乡土树种野生资源改造为突破口，通过培育新型经营主体、鼓励集体和个人所有的林地林木资源量化入股，将"绿水青山"的生态资产转变为"金山银山"的经济收益。

岚县依托 7 万亩退耕还林项目,采用"公司＋村集体＋合作社＋退耕农户""合作社＋村集体＋基地＋退耕农户"的产业发展模式,大力发展沙棘产业原料基地,推广资产收益扶贫工程,极大地激发了贫困农户的参与热情,盘活了贫困地区的资产和资源,实现了"资源变资产,资金变股金,农民变股东,收益有分红"。贫困户能够通过参与工程建设,获取近期的劳务收入,中期的管护收入,长远的资产收益,实现全面可持续地创收增收。

为了保障沙棘产业的良性发展,岚县还通过沙棘良种繁育基地项目进一步扩展沙棘产业链条。当前,全县已建设采穗圃 3 个,良种繁育基地 5 个,建成了温室大棚 12 座,配套净化器、喷灌、雾化等设施,实施苗圃整地、铺设苗床、穴盘育苗等措施,形成占地 30 余亩的沙棘良种繁育基地,年可生产优质沙棘苗 200 万株。由于生态林业建设逐渐转向以栽植经济林为主,市场对良种壮苗的需求巨大,使得岚县的良种沙棘苗木供应具有很大的市场价值。按 1 元/株的保守价格计算,其沙棘苗木年产值为 200 万元,年利润预计达 60 万元。

4. 发展林业特色产业带动收入增长

发展林业特色产业是促进农民收入,长效实现"绿水青山"转化为"金山银山"的路径之一。为了提升巩固林业特色产业的效益,干果经济林提质增效工程是吕梁大力推行的一项生态扶贫措施。根据当地经济林的发展特征,吕梁积极发展沙棘、油用牡丹、红枣、核桃等特色经济林产业,为农户带来新的增收机会。在红枣、核桃重点区域,吕梁大力推广标准化管理技术,通过 3 年连续管理,使经济林产量和品质明显提高,带动贫困户增收。吕梁通过完成 40.64 万亩干果经济林提质增效,带动了 73 359 户贫困农户增收脱贫。

以吕梁扶贫开发重点县临县为例,其脱贫致富之路自然少不了林业特色产业的发展布局。近年来,临县大力实施特色林业富民战略,经济林成为全县极具优势的富民强县产业之一,全县干果经济林总面积达

119万亩。临县玉坪乡，核桃种植面积达 3 万亩，年产量可达 70 多万斤，为该乡农民收入的提高带来了希望。同时，该乡的致富能人杨明明抓住核桃产业发展机遇，主动承担起帮带贫困户脱贫致富的任务。他在2012 年，联合 14 户贫困户成立了森宝农民专业合作社，将筹措的 50万元资金用于核桃产业投资，建立了集收购、加工、销售于一体的核桃加工厂房。经营仅 4 年，其合作社的年均毛利润已达 400 余万元，合作社成员人均每年收入超过 1 万元。

案例三：内蒙古阿拉善盟——"沙产业"染绿的大漠

（一）阿拉善盟区域概况

阿拉善盟，现隶属内蒙古自治区。在蒙古语中，"阿拉善"的含义为"五彩斑斓之地"。阿拉善盟位于内蒙古自治区的最西部，东、东北与乌海、巴彦淖尔、鄂尔多斯三市相连，南、东南与宁夏回族自治区毗邻，西、西南与甘肃省接壤，北与蒙古国交界，边境线长 735 千米。阿拉善盟全域总面积 27 万平方千米，占内蒙古自治区总面积的 22.8%，下辖阿拉善左旗、阿拉善右旗、额济纳旗等 3 个旗，设有阿拉善高新技术产业开发区、乌兰布和生态沙产业示范区、腾格里经济技术开发区、策克口岸经济开发区等 4 个自治区级开发区，共有 31 个苏木镇，199个嘎查村。截至 2019 年，阿拉善盟拥有常住人口 25.07 万人，其中，城镇人口 19.84 万人；农村牧区人口 5.23 万人。该地区属于边疆少数民族地区，以蒙古族为主体（占比 28%），汉族占多数，此外还分布了回族、满族等 26 个少数民族。

阿拉善盟位于内陆高平原地区，地势呈南高北低走势，境内沙漠与戈壁相间，四周为丘陵环绕。全盟戈壁面积 9.1 万平方千米，沙漠面积8.84 万平方千米，山地面积 3.44 万平方千米，丘陵面积 1.36 万平方千米。境内分布着巴丹吉林、腾格里、乌兰布和三大沙漠。其中，巴丹吉林沙漠是全国第二大沙漠，以高陡著称。巴丹吉林沙漠的必鲁图峰海拔高度1 611米，相对高度达598米，为世界沙漠最高峰，被誉为"沙漠珠峰"。在辽阔的沙漠与戈壁之间，阿拉善盟孕育着900余种以旱生、超旱生、盐生和沙生荒漠植物为主的野生植物以及200余种野生脊椎动物。

（二）阿拉善盟林业乡村振兴的探索与成就

"绿水青山就是金山银山"的绿色发展理念，不仅在昔日已是青山郁郁的山区被广泛实践，还在黄沙漫漫的沙漠之地得到实现。阿拉善位于沙漠腹地，生态环境恶劣，曾是沙尘暴高发地区。但近年来，阿拉善对"沙产业"在保护生态环境、促进牧民增收、调整当地产业结构方面的巨大作用有了深刻的认知，将其作为培育新动能的支柱产业进行发展。其依托丰富的沙生植物资源，创新培育独特的沙产业链，致力建设国家重要的沙产业示范基地。通过资源培育基地化、科技研发精深化、生产经营规模化、产业发展体系化的发展模式，阿拉善的沙产业成功创下了治沙增绿、点沙成金的伟大壮举，实现了沙漠地区经济、社会和生态三大效益的同步提升。

1. 资源培育基地化

阿拉善盟的沙产业发展以基地建设为依托，引导农牧民参与推进沙生植物基地建设。根据沙产业发展规划，阿拉善提出了打造国家重要生态沙产业示范基地、清洁能源示范基地的产业定位，计划围绕沙生资源植物产业化开发链条在优势区建设九大种植示范和加工物流基地，形成"多基地"的发展格局。

阿拉善当地拥有丰富的沙生动植物资源，盛产锁阳、黑果枸杞、苦豆子、甘草、文冠果、沙地葡萄以及阿拉善双峰驼、白绒山羊等具有较高经济价值的特色产物，而且是全国最大的荒漠肉苁蓉主产地和集散地。利用地理特色产物，阿拉善已建立了梭梭—肉苁蓉、白刺—锁阳、黑果枸杞、沙地葡萄、双峰驼、白绒山羊等一批专业基地。据悉，截至

2019 年 7 月，已完成梭梭人工林种植 651 万亩，接种肉苁蓉 79 万亩，年产肉苁蓉 1 500 吨；封育保护恢复白刺 309 万亩，接种锁阳 24 万亩，年产锁阳 2 000 吨以上；围封保护黑果枸杞 8.8 万亩；种植黑果枸杞、沙漠葡萄等精品林果 7.6 万亩，建成特色林果业种植示范基地 6 处；养殖阿拉善双峰驼 15 万峰、白绒山羊 110 万只。2018 年，实现林沙产业产值 32.6 亿元。

在沙产业基地化建设过程中，阿拉善左旗、阿拉善右旗被评选为"国家级林下经济示范基地"。阿拉善获得了"阿拉善肉苁蓉""阿拉善锁阳"中国地理标志证明商标和"中国肉苁蓉之乡""中国骆驼之乡"称号；阿拉善肉苁蓉、锁阳、双峰驼、白绒山羊、沙葱、额济纳蜜瓜等产品被登记为农产品地理标志。

2. 科技研发精深化

面临着能源、资源与环境的多重约束，且约束强度不断增强，阿拉善沙产业的可持续发展离不开科技的推动。阿拉善盟在加强沙产业基地建设的同时，制定了创新驱动发展的产业战略，不断加大科技投入，深化产学研合作、培育高新技术龙头企业，通过科技创新推动绿色发展，着力提高沙产业发展水平。

阿拉善盟依托沙生资源植物产业研发中心，积极构建一个沙生资源植物研发信息服务核，充分利用资源政策优势引进科技人才，根据当地的生态环境保护、特色资源利用和社会经济发展需求，不断推进沙产业的技术研发。在沙生资源植物研发信息服务核引导下，阿拉善根据沙生资源产业化开发的不同方向，建设了一批沙生资源植物产业孵化平台、沙生植物种质资源保护平台、沙生资源植物技术研发平台，与中科院等科研院所和高校合作开发沙生动植物资源。阿拉善盟近 5 年共投入科研资金 2.4 亿元，开展了 77 项研究课题，其中国家重点研发计划 1 项、"863"计划 2 项，引导和推动了一批民营企业与英国等 4 个国家及与北京等 16 个省（区、市）的 35 家科研院所高校开展合作，研发了高科技含量、高附加值的沙产业高端产品 60 余款，申报发明专利 43 项，制定技术、产品标准 39 项。

在加大科技研发力度的同时，阿拉善盟不忘实施沙生动植物资源科技成果转化工程，将科研成果投入到产业应用中，成立了阿拉善沙产业商会、沙产业技术创新战略联盟、沙产业创新创业学院，规划建设了乌兰布和生态沙产业示范区、沙产业健康科技创业园、骆驼产业科技园、沙地葡萄产业科技园、白绒山羊产业科技园等园区，累计引进培育沙产业企业 60 余家，初步形成了以肉苁蓉、锁阳产业为龙头，带动骆驼产业开发、白绒山羊绒毛深加工、蒙中医药康养产业、沙产业现代服务业的新型高新科技产业链。此外，阿拉善培育了宏魁苁蓉集团、东汇生物科技有限公司、尚容源生物科技有限公司、明昇食品饮料有限公司等一批龙头企业成为沙产业发展的领军企业。目前，全盟已启动实施沙产业研发及产业化项目 77 个，涉及肉苁蓉、锁阳、苦豆子、甘草、沙葱、黑果枸杞等 10 余种特色沙生植物，开发出 60 余款中、高端新产品。

3. 生产经营规模化

为使沙产业形成规模效益，阿拉善盟以"沙地绿起来、企业强起来、牧民富起来"为目标，以肉苁蓉、锁阳等沙生植物资源为基础，引进和培育龙头企业开展沙产品深加工，逐步形成了"企业＋基地＋农牧户"的产业化模式。通过这种模式的推广，阿拉善沙产业不仅实现了产业规模化发展，还有效带动了当地农牧民增收创收。

宏魁苁蓉集团是阿拉善盟较早发展沙产业的企业，现已发展成为集梭梭种植、肉苁蓉接种及相关产品研发、生产、销售为一体的肉苁蓉龙头企业。为了加快培育沙产业，同时也让更多农牧民加入到产业化发展的链条中来，该集团于 2011 年建立了农牧业产业化肉苁蓉—梭梭基地，成立了宏魁沙产业合作社，由企业出技术、设备、种子和苗木，无偿提供给合作社的农牧民，规范种植梭梭嫁接肉苁蓉和锁阳。而且在农牧民收获后，企业会以市场价收购并进行深加工。该集团基地已种植梭梭、肉苁蓉达 100 万亩，嫁接肉苁蓉 20 万亩。其成立的合作社共有农牧民

118 户 1 053 人，辐射带动 2 万多农牧民通过沙产业增收。

沙产业的规模化发展，能够为当地农牧民带来新的经济收入来源和就业方式。为了鼓励农牧民积极发展沙产业，阿拉善盟出台鼓励农牧民种植梭梭林和发展沙产业优惠政策，给予梭梭种植户适当奖励性补贴；并建立科技特派员制度，实行沙产业片负责制。阿拉善沙产业发展以来，全盟参与沙产业的农牧民约 6 万人，农牧民沙产业经营性收入占纯收入的 40％左右；牧民群众中有 2/3 牧户通过参与沙产业实现人均年收入 3 万到 5 万元，部分牧户年均收入长期保持在 20 万元以上。

4. 产业发展体系化

体系化规划是沙产业可持续发展的关键。早在 2013 年，阿拉善专门成立了以盟长为组长的沙产业专项推进领导小组，并且在盟科技局设立专项办公室，在各旗区成立相应的组织机构，专人专职专项地对沙产业的发展进行规划、布局和推进。在乡村振兴战略的推动下，阿拉善盟将沙产业作为全盟振兴的支柱性产业，进一步推动沙产业的发展，于 2017 年成立沙产业发展专职机构——阿拉善沙产业发展指导中心，形成全盟共同推进沙产业发展的组织架构。在中科院地理研究所的协助下，阿拉善盟编制了《阿拉善盟沙生资源植物研发与产业化总体规划》，为沙产业的发展提供了一份科学详尽的规划。

根据《阿拉善盟沙生资源植物研发与产业化总体规划》，阿拉善盟沙产业发展布局为"一个高新园区、三条绿色走廊、四大创新平台、六大生物产业、多个科技园区"。一个高新园区指的是，以乌兰布和生态沙产业示范区为核心打造中国"沙谷"；三条绿色走廊，形成东、中、西三条绿色沙生植物重点发展带，主要种植梭梭、白刺等防风固沙植物，打造三条稳固的绿色走廊，遏制三大沙漠握手态势；四大创新平台则是，建设沙产业投融资平台、沙产业科技创新平台、沙产业专利数据平台、沙产业人才引培平台；六大生物产业包括，打造苁蓉、锁阳、沙地葡萄、黑果枸杞、双峰驼、白绒山羊六大基础骨干产业链；多个科技园区即是，打造沙产业健康科技园、骆驼产业科技园、绒山羊产业科技园、沙地葡萄产业科技园、黑果枸杞产业科技园等。

在乡村振兴战略的关键时期，阿拉善盟仍坚持生态优先的发展理念，从战略和全局的高度因地制宜勾勒了一份系统的沙产业发展蓝图，在茫茫沙漠中开拓出一片生态与经济的绿洲。

案例四：毛乌素沙漠——沙漠治理的"奇迹"

（一）毛乌素沙漠区域概况

毛乌素沙漠，别称鄂尔多斯沙地，是中国四大沙地之一。毛乌素在蒙古语中意为"寸草不生之地"，其名源自陕北靖边县海则滩乡毛乌素村。起初，在自定边孟家沙窝至靖边高家沟乡的连续沙带被称为"小毛乌素沙带"。后来，由于陕北长城沿线的风沙带与内蒙古鄂尔多斯（伊克昭盟）南部的沙地是连续分布在一起的，鄂尔多斯高原东南部和陕北长城沿线的沙地被统称为"毛乌素沙地"。现毛乌素沙漠位于山西省榆林市与内蒙古自治区鄂尔多斯市交界处、陕西省榆林市长城一线以北，总面积达 4.22 万平方千米。由于该沙漠有约一半的面积分布在山西省榆林市境内，该市也被称为"驼城"，有沙漠之城的意思。

毛乌素沙区处于多个自然地带的交接地段，植被和土壤反映出过渡性特点，因此土地利用类型复杂，农林牧用地交错分布。沙漠东南部降水较多，利于植物生长，但人为破坏严重，流沙比重大；西北部则主要分布着固定和半固定沙丘。

关于毛乌素沙漠的形成，相关研究者一致认为，毛乌素沙漠并非天然形成的，而是后期人为破坏所致。从地理成因上看，该区域的海拔较高，平均海拔 1 100～1 300 米，松散的沙层经风力搬运，容易形成流沙。但根据历史考究，现沙漠所在之地，在古代也曾"水草丰美，群羊塞道"。当时，匈奴大夏国曾将其都城设定在此，称为统万城，即现陕西榆林靖边县城北 58 千米处的红墩界乡白城则村。由于人类的过度开垦和游牧，以及战争的破坏，该地区的生态环境急速恶化。从唐代开始到明清时期，随着人类活动的破坏和气候变迁，毛乌素地区从塞上绿洲变成了荒野大漠。而且，毛乌素荒漠化程度逐年加剧，范围不断扩大，风沙侵害倒逼着当地居民从这片土地上迁出。中华人民共和国成立初期，陕西榆林市的林木覆盖率仅剩 0.9%，120 万亩的农田牧场、6 个城镇、412 个村庄被流沙所掩埋。

自 1959 年起，国家开始重视毛乌素地区的生态治理，大力兴建防风林带，引水拉沙，引洪淤地，开展了改造沙漠的巨大工程。经过长达半个世纪的沙漠治理，毛乌素又逐渐恢复历史上的绿洲景象。

（二）毛乌素沙漠乡村振兴的探索与成就

"山高尽秃头，滩地无树林。黄沙滚滚流，十耕九不收。"这是榆林人对过去毛乌素沙漠的真实记忆。然而，经过了榆林人几十年如一日的"防风固沙"治理，榆林沙化土地治理率已达 93.24%，这意味着毛乌素沙漠即将从陕西版图上"消失"。在原本寸草不生的流动沙地腹地上，榆林人营造了万亩以上成片林 165 处，建成了总长 1 500 千米的 4 条大型防护林带，造林护林面积 1 629 万亩，将林草覆盖率由 0.9%提高到 25%。

2018 年，第 24 个世界防治荒漠化与干旱日纪念大会在榆林召开。联合国副秘书长莫妮卡·巴布在贺信中说，中国是防治荒漠化公约的主席国，希望中国在推动公约履约事业上继续发挥引领作用，让中国荒漠化防治的智慧、方案惠及全球。2019 年 6 月 21 日，无人机拍摄的宁夏灵武白芨滩国家级自然保护区内的白芨滩国家沙漠公园，远处仅存的沙区成为人们了解这里生态变迁的对照区域。毛乌素沙漠治理的成功，不仅创造了"人进沙退"的生态奇迹，同时也为榆林的经济带来了新的生机。

1. 平民英雄铸就治沙精神

毛乌素沙漠的"消失"历史中，烙下了一代又一代治沙人倾尽一生坚守治沙的印记。这里几乎是全国所有沙漠地区产生植树英雄最多的地方。自中华人民共和国成立以来，一代代的治沙英雄在这片沙地上前赴后继，治沙意志薪火相传，将"沙进人退"的生存禁区改造成富有生机的"沙漠绿洲"。

榆林市靖边县东坑镇毛团村有位年近百岁的治沙英雄郭成旺，正是毛乌素沙漠治理进程的见证者。为了守护家园，郭成旺在 1985 年承包了村子周边的沙地植树造林，与流沙进行了一场艰难的对抗。治沙造林的信念不仅战胜了流沙侵袭，早年栽种的树木在沙地成林，还传承给了后代子孙，使治沙事业后继有人。郭家通过世代传承，将 4.5 万亩的沙地变成了郁郁葱葱的林地。毛团村有了树林的庇护，不仅抵御住了风沙的侵袭，还建成了蔬菜基地。

毛乌素沙漠与黄土高原的交界处，补浪河乡曾在 20 世纪六七十年代，被漫天黄沙吞噬了 80% 的土地。失去了耕作土地，面临着滚滚沙尘的威胁，无数农牧民弹尽粮绝，不得不背井离乡，外出谋生。但是，有 54 名平均年龄只有 18 岁的女民兵却不惧风沙，响应国家"向荒沙草滩进军"的号召，成立了补浪河女子民兵治沙连，在当地风沙侵蚀最严重的补浪河黑风口安营扎寨，开启了近半个世纪的植树造林运动。自补浪河女子民兵治沙连成立以来，380 多位治沙巾帼英雄前赴后继，累计推平沙丘 800 多座，营造防风固沙林带 35 条。

另一个举国闻名的全国治沙英雄石光银则倾尽所有实现其治沙梦想，不仅改变了荒漠，还带动了村民集体致富。为了治沙守护家园，石光银从年轻时就开始坚持并实践自己的治沙梦想，积极改变村民们"沙漠里种不了树"的观念，带领村民植树造林。1984 年，石光银成立了全国首家股份制农民治沙公司，与政府签订了 3 000 亩荒沙治理合同，用长达 13 年的时间将其改造成为绿洲。尽管在治沙过程中，石光银遭遇过树苗难存活，损失重大的困难，石光银宁愿变卖家产也没有放弃治沙的信念。在治沙得到成效时，他还不忘兴办牧场、建设水厂、发展特色旅游，凭借"公司＋农户＋基地"的经营发展模式带领村民共享治沙成果。

无数林业人在沙漠中锲而不舍的防风固沙行动和世代相传的治沙信念，是使毛乌素沙漠"退却、消失"的一大武器。

2. 科学技术助力治沙成效

毛乌素沙漠的治理过程也是中国治沙技术的实践过程。在沙漠中造林，需要探索了解和尊重自然规律，需要科学的支持。几十年的治理进程中，中国治沙技术在不断应用、改进和提高，沙地治理成效也在不断显露。

治沙讲究因地制宜，适地适树。林业科研工作者为寻找适宜的树种，从榆林地名着手，在点滴的、零星的沙柳柠条等沙生植物中一遍遍探索。他们根据榆林的自然环境与立地条件，总结出不同地形地貌的治理办法，指导群众逐渐从单纯防风固沙植树造林到多种杨、柳、榆、杏、果等经济林、坚果园，不断优化林木结构。这种适地适树的选种方式，是治沙工程成功实施的关键。

此外，在长达半个世纪的风沙抗争过程中，人们还创造了许多实用有效的治沙防沙方法，比如飞播技术、"障壁造林""开壕栽柳""麦草方格"固沙法等。其中"麦草方格"固沙法由于治沙效果显著，已被全世界推广应用，被誉为"中国魔方"。

近年来，依托退耕还林等工程，毛乌素沙漠治理形成了"全封、远飞、近造"的治理模式，采取人工、飞播、封育相结合，植治、水治、土治相结合等综合措施，科学指导，因地制宜，有力地推动了沙漠的"消失"和"绿洲"的形成。在"三年植绿大行动""陕西省全面治理荒沙""林业建设五年大提升"等治沙造林行动中，榆林已在毛乌素沙漠北部的风沙区建成了总长 1 500 千米，造林 175 万亩的 4 条大型防风固沙林带，在沙漠腹地营造了万亩以上成片林 165 块，新建以樟子松为代表的常绿针叶林 180 万亩，完成"万亩连接工程"52 片，初步形成了带片网、乔灌草相结合的区域性防护林体系。

3. 产业发展分享治沙果实

治沙振兴乡村还要求推动产业发展使农牧民增收致富。防沙治沙是毛乌素沙漠治理的基本环节，护沙用沙则是治理的主要目的。经过几十年的努力，"沙进人退"的局面已逆转为"人进沙退"，而人沙关系也从斗争抗衡转向和谐共处。榆林当地政府和群众已从治沙中探索出一条"变黄沙为黄金"的脱贫致富之路，发展出了沙、林、电、藻一体化的循环产业链，孕育了大棚蔬菜、大棚养殖、育苗、沙漠旅游四大产业。全市从事沙产业的企事业单位达 150 多家，年产值 4.8 亿元，从业人员 10 余万人。毛乌素沙漠的治沙振兴之路，真实地印证了"绿水青山就是金山银山"的发展论断。

前阶段的防风固沙为毛乌素地区营造了一个良好的生态环境，由"三翻五种、十年九不收"的贫瘠之地，变成了现在稳产高产地。曾经被黄沙掩埋了 80% 的榆林，已经形成了"东枣、西薯、北种、南豆"的特色产业格局，发展出"草、羊、枣、薯"四大主导产业和独特的经济林果产业。据统计，榆林市各类经济林面积达 400 万亩，其中红枣 170 万亩、"两杏" 80 万亩、山地苹果 65 万亩、长柄扁桃 40 万亩、核桃 32 万亩、海红果 5 万亩。榆林马铃薯、榆林红枣等一批以"榆林"冠名的农产品通过多种渠道销往全国，乃至国外市场。在畜牧发展方面，全市的羊饲养量达到 1 000 万只，成为陕西省养羊第一大市。

以治沙造林为基础，榆林在建设宜居城市方面，实施了大规模的城市绿化工程，在城郊打造了 100 多千米的环榆林城生态圈，在高速公路、国道、省道及铁路沿线、河流沿岸、水库周边建成了 1 800 多千米绿色长廊。凭借着生产生活环境的明显改善和深厚的文化积淀，榆林建立了以榆林沙地森林公园等为主的 16 个城郊森林公园，通过发展旅游为当地经济增长增添新动力。

案例五：湖南省道县——油茶富民激发乡村振兴活力

（一）道县区域概况

道县，别名道州，雅称"莲城"。隶属湖南省永州市，位于潇水中游，东邻宁远县，南接江永县和江华瑶族自治县，西接广西全州县、灌阳县，北连双牌县，素有"襟带两广、屏蔽三湘"之称，是湖南通往广东、广西、海南及西南地区的交通要塞，是珠三角产业转移的承接基地。南北长 77 千米，东西宽 62.6 千米，土地面积 2 448 平方千米，总人口 83 万。县政府驻地濂溪街道办事处。

2018 年全县实现地区生产总值 2 025 400 万元，比上年增长 8.4％。其中，第一产业增加值 369 485 万元，增长 2.9％；第二产业增加值 521 603 万元，增长 6.8％；第三产业增加值 1 134 312 万元，增长 11.3％。全县三次产业结构比由上年的 19.7∶26.4∶53.9 调整为 18.2∶25.8∶56.0。第一、二、三产业对经济增长的贡献率分别为 7.0％、21.95％和 71.05％，分别拉动 GDP 增长 0.59 个、1.84 个、5.97 个百分点。按常住人口计算，全县人均地区生产总值为 32 586 元，比上年增长 9.2％。全县完成农林牧渔业总产值 741 041 万元，比上年增长 3.6％；实现农林牧渔业增加值 390 895 万元，比上年增长 3.3％。

全县全面建成小康社会取得新进展，总实现程度（小康指数）为 96.2％，比上年提升 5.15 个百分点。其中：经济发展实现程度 91.3％，提升 6.1 个百分点；人民生活实现程度 95.1％，提升 5.7 个百分点；社会发展实现程度达 99.8％，提升 1.5 个百分点；民主法治实现程度 100.0％；生态文明实现程度 100.0％。

道县境内有高等植物 186 科 612 属 1 265 种以上，其中苔藓植物有 12 科 17 属 19 种以上，蕨类植物 25 科 33 属 47 种以上，种子植物 149 科 595 属 1 199 种以上。杜英科杜英属占全省杜英总数的 50％。国家重点保护的稀有植物有资源冷杉、伯乐树、长柄双花木、福建柏、白豆杉、秤锤树、银钟树、黄枝油杉、青檀、白辛树、长苞铁杉、南方铁杉、任木、银鹊树、紫茎和红豆树 16 种，其中福建柏有纯林约 500 亩，散生于常绿阔叶林间的有 6 000 余亩，分布面积与纯林面积均为国内之冠。

道县被评为中华诗词之乡、中国龙舟之乡，道县入选湖南省旅游资源重点县，清塘镇纳入湖南省特色旅游小镇名录。该县还是湘南国家级承接产业转移示范区核心区、全国加工贸易梯度转移重点承接地、全国粮食生产先进县、全国厚朴生产基地县、全国生猪生产调出大县、全国能繁母牛养殖示范县、全国蔬菜产业重点县、全国生态文明先进县和中国脐橙之乡。道县获批湖南省历史文化名城。

（二）道县林业乡村振兴的探索与成就

道县采取多项措施，做好油茶产业开发文章，充分发挥林业"三效益"，促进县域经济发展，推进"两个战略"，解决"三农"问题，加快建成小康社会。

油茶是中国特有木本食用油料树种，与油棕、油橄榄和椰子并称为世界四大木本油料树种，茶油被公认为世界上最好的食用油。道县是全国"油茶生产重点县"之一，其地理、地质、气候和土壤条件均适合油茶的生长，油茶林面积曾达 54.6 万亩，现仍保存 40 余万亩。道县素有"粮仓油海"之盛誉。油茶历来是全县一大支柱产业，2013 年道县被列入国家油茶生产重点县，2017 年、2018 年被省财政厅列为全省油茶大县。据统计，全县目前年产茶油 500 万千克，种植品种主要有湘林210、华硕、华金、华鑫等，排全市第一位，全省第十三位。

1. 复垦油茶林助力农民脱贫增收

2009 年起，道县人民政府通过整合政策、项目资金，鼓励油茶大户、企业、专业合作社参与油茶产业建设，由县林业局对新造林给予每亩 400 元奖补（含规模化及种苗补贴各 200 元），同时加快产业扶贫步伐，对全县贫困户、贫困村的油茶造林补助，不设门槛，在指标内实行全覆盖。自 2019 年起，奖补标准提高到每亩 600 元（含规模化补贴 400元及种苗补贴 200 元）。

道县豹岩村是省定贫困村，有建档立卡贫困户 183 户 891 人。以前，豹岩村几乎家家户户都有茶油卖，后来由于油茶林老化，又疏于管理，油茶产量越来越低，很多农户所产茶油还不能自给自足。近年来，该村把油茶产业作为精准扶贫、精准脱贫的新引擎，争取到政府资金补助和免费技术指导，做到复垦一亩，增产一亩，兑现补助一亩，使传统油茶产业焕发新活力，成为群众增收新途径。

该村还采取"党支部＋合作社＋贫困户"的模式，成立了红鑫油茶合作社，统一种植和技术培训，统一采摘和收购，受理贫困户加入油茶扶贫信贷，鼓励贫困户因地制宜补植油茶林、抚育油茶林、复垦油茶林，努力提升油茶产量和品质，把油茶树变成"摇钱树"。通过整枝修剪、翻挖林地、除草施肥等复垦措施，老油茶林可增产 20% 至 50%，亩产茶油达到 50 斤左右，保持三年左右。不算国家的补贴，只按增产 20%，按市场价 70 元/斤估算，2019 年，全村 507 亩老油茶林至少可增产 5 000 斤茶油，增收 35 万元以上。

■ 脱贫故事：道县蚣坝镇万亩油茶助脱贫

杨教林夫妻俩原是道县糖厂职工，1998 年企业改制后下岗返乡务农，2006 年承包本村 300 亩荒山种植油茶树，2009 年开始挂果出效益，现每年稳定收入 15 万元左右。在他们的带动下，全村油茶树新种、复垦、低改 2 000 多亩，兴桥村 26 户贫困户也通过土地入股分红、土地出租、就地在油茶基地打工等方式，年增收入每户均在 3 000 元以上。

该村贫困户杨有刚原有油茶林 11 亩，前些年由于疏于管理，产量不高。近几年，在镇村干部的指导下，通过学习油茶种植新技术，加强对油茶树的精心管理，每年可增加收入 5 000 元左右，加上果树和其他收入，2015 年已顺利脱贫，目前，正迈着致富的步伐昂首前进。由于对油茶产品和效益不了解，当初的他和其他村民还有过一番观望和犹豫。但在道县林业局和蚣坝镇党委、镇政府的指导下，从土地流转、引进种植到技术指导，再到加工、生产、销售，都给予了很多关心与帮助，他和村民们的信心也越来越足。

目前，道县蚣坝镇油茶种植已有 26 000 多亩，涉及的贫困户近
300 余户。镇党委、政府通过党建引领、产业扶贫等方式，进一步
加大对油茶基地的扶持和发展，2018 年又新扩油茶种植面积 3 000
余亩，全镇油茶种植和市场前景一片大好。

2. "公司＋贫困户"打造精准扶贫新模式

油茶产业是一项见效期长的传统绿色产业，生产期可达 80～
100 年，盛产期在 70 年以上。道县油茶建设开始于 2010 年，经过 8 年
的发展，已有一定的产业基础，累计发展油茶基地 4 万余亩。2017 年，
县委、县政府研究决定，将油茶作为县域精准扶贫特色产业大力扶持，
着力打造"湘南油海"，并选择中联天地道县分公司、湖南湘浩生物茶
油有限公司为产业精准扶贫牵头单位，带动本县建档立卡贫困户利用空
闲林地种植油茶。2017 年完成油茶新造林 1.06 万亩，并计划 5 年内全
县再扩种 5 万亩，建成道州特色的油茶品牌。目前，全县贫困户已累计
种植油茶林 4.1 万亩，涉及贫困人口和低收入人口 1.2 万人（其中贫困
人口 7 500 人，低收入人口 4 500 人），人均 3.4 亩。同时，新建 3 个
3 000 亩高产扶贫油茶基地和 1 个高标准油茶产业示范园，采取"公
司＋基地＋合作社＋贫困户"的模式，帮扶 243 户贫困户增收脱贫。

直接帮扶模式。县里将油茶产业列为扶贫主导产业，对成片种植的
50 亩以上、经验收合格的油茶林，县财政每亩奖励补助 400 元，共投
入财政扶贫（补助）资金 1 640 万元，贫困户不受面积限制。并通过林
权抵押、扶贫小额信用等贷款方式，提供后续管护成本所需的资金
扶持。

合作发展模式。为了结合产业结构调整，坚持"政府引导、市场主
导、社会参与"的原则，采取"公司＋基地＋合作社＋贫困农户"模
式，县委、县政府鼓励公司、种植大户成立油茶产业协会和合作社，采
取多种合作方式，发展规模化基地，相继建立了公司租赁林地经营、林
农自主经营模式、土地入股分成模式和就业及土地流转帮扶等四种帮扶

机制。

3. 大户企业新型主体成为油茶产业主力军

"十二五"以来的 10 年，道县社会造林高潮迭起，油茶产业快速发展，大户（企业）积极参与。全县每年以 1 万亩的速度和规模递增油茶新造面积，涌现了一大批造林大户和企业，寿雁镇白马塘油茶种植省级农民专业合作社带动当地林农发展油茶示范基地 2 000 余亩，长键公司在蚣坝镇金星村建成高产油茶基地 1 万亩，湘浩公司在祥霖铺镇 8 家发展油茶基地 2 000 多亩，大户彭安荣种植油茶 800 亩，造就了一大批油茶生产新型主体，列全市前茅，成为全县油茶产业发展主力军。

同时，道县出台优惠政策，整合项目资金，安排专项资金，大力扶持林业企业和大户，引导社会资金投入油茶发展，提速全县油茶产业发展步伐。据统计，目前全县新造油茶种植面积达 12.9 万亩，油茶产业已成为该县农民脱贫致富的好产业，其中建成万亩基地 2 个，2 000 亩以上基地 9 个，1 000 亩以上基地 26 个，500 亩以上基地 40 个，100 亩以上基地 236 个。全县油茶产业总产值已突破 4 亿元。

4. 政府联动新模式助力产业兴旺

近年来，道县加快实施油茶富民工程，将其作为提升林业"三效益"和农民增收致富绿色支柱产业，在政策、资金、技术多方面给予扶持，因地制宜，造管并举，振兴油茶产业。相关部门联动配合，服务林农，林业部门出台扶持政策，推行种苗补贴机制。财政每年从预算内列支，捆绑林业项目资金扶持油茶产业发展。县财政按每亩 200 元标准，补助种植面积 50 亩以上的大户。近年来，湖南省道县林业局不忘初心服务基层，担当使命振兴乡村，坚持兴林富民，大力扶持林农，取得明显成效。①产业发展中提升服务。近几年，全县每年新造林 4 万亩，通过垫付苗木款或先购苗后验收报账的方式，为林农提供油茶、杉、松等良种苗木 500 万株。据统计，5 年来共提供各类苗木 2 500 万株。各林业站与技术员深入村组山头，与林农同吃同住同劳动，全程提供林业技术服务。②全程代理中提升服务。2015 年以来，林业部门推行"一站式全程代理服务", 大力提升优质高效、便民规范的服务, 得到了林农的认可。③阳光政策中提升服务。实施林木采伐、生态补偿、造林补贴、森林抚育等阳光政策, 根据各地实际, 坚持贫困村贫困户优先原则, 科学地把指标分解到乡镇, 县、乡、村、户四级联动, 逐级落实, 张榜公示, 接受监督, 加快林农发展, 助力乡村振兴。

此外, 近年来, 该县以乡村振兴为目标, 坚持"减轻林农负担, 大灾风险分散"基本原则, 围绕"政府引导, 市场运作, 自主自愿, 协助推进"宗旨, 结合本县实际, 积极培育林业保险市场, 建立健全风险保障机制, 发挥保险政策优势, 消除林农后顾之忧, 全面推进生态建设, 切实服务林农利益。同时, 为深化林权改革, 破解发展瓶颈, 道县一方面完善利益联结机制, 引导社会资本投资经营林业, 依法开发利用林地林木, 推广"林地股份合作社""公司+农户+基地""合作社+农户+基地"等经营模式, 带动农户从涉林经营中受益。另一方面探索林权抵押机制, 推广"林权抵押+林权收储+森林保险"贷款模式, 试行"企业申请+部门推荐+银行审批"运行机制, 推进林权抵押贷款改革, 破解脱贫攻坚中凸显的林农融资难、贷款难的困局。

5. 科普宣传提升农户参与积极性

为营造乡村振兴和生态建设两大战略的科学氛围, 道县林业局联合相关单位举办多场科普知识巡回宣传和流动课堂, 以展板展示、发放资料、咨询讲解、现场授课等形式, 重点宣传油茶栽培、森林消防、病虫害防治、林下经济和生态旅游等新科技。据统计, 活动中展出林业科普展板 12 块, 发放宣传资料 3 万余份, 授课咨询 6 场 1 万余人次。近年来, 道县坚持"建设生态文明, 助推乡村振兴", 以"科学发展, 惠农兴村, 保护生态, 促进健康"为主题, 突出新信息、新技术、新品种、新政策、新倡议、新模式"六新"内容, 积极开展科普宣传, 提高产业科技含量, 推动林业生态建设"提质量树品牌, 促产业上规模"。

案例六：浙江安吉县——"两山"理论践行示范县

（一）安吉县区域概况

安吉县，现隶属浙江省湖州市，位于长三角腹地，与浙江省的长兴县、湖州市吴兴区、德清县、杭州市余杭区、临安区和安徽省的宁国市、广德市相邻。截至 2019 年年底，安吉县下辖 8 镇 3 乡 4 街道，39 个社区居民委员会和 169 个村民委员会。安吉县户籍人口 47.07 万人，其中城镇人口 17.54 万人，乡村人口 29.52 万人。安吉县境内人口以汉族为主，另有畲族、黎族、回族等少数民族。境内有章村镇郎村与报福镇中张村两个少数民族村。

2005 年，习近平总书记在安吉提出了"绿水青山就是金山银山"的科学论断，安吉成为"绿水青山就是金山银山"理念的发源地。安吉县通过加强森林资源保护与培育，取得了积极的成效。全县林业用地总面积 207.5 万亩，其中有林地面积 185.2 万亩，疏林地面积 238 亩，灌木林地面积 16.4 万亩，无立木林地面积 1.88 万亩，苗圃地面积 2.79 万亩，宜林地面积 3 661 亩，未成林造林地面积 6 983 亩。有林地面积中，乔木林面积 80.7 万亩，竹林面积 104.5 万亩。全县生态公益林 100.5 万亩，占林业用地面积的 48.4%。重点公益林面积 62.4 万亩，其中国家级重点生态公益林 26.3 万亩，省级重点生态公益林 36.1 万亩，县级生态公益林 38.1 万亩。全县商品林 117.1 万亩，占全县林地面积的 56.4%。全县森林覆盖率为 71.1%，林木绿化率为 71.4%。全县活立木总蓄积 229.8 万立方米，其中乔木林蓄积 222.2 万立方米，四旁树蓄积 3.94 万立方米，散生木蓄积 3.62 万立方米。近年来，安吉县林业用地面积、有林地面积、蓄积量均有一定幅度增加，森林覆盖率逐步提高并渐趋稳定，林种、树种结构逐步优化，阔叶林和混交林比重有所上升，龄组结构趋于合理，森林生态状况明显改善。

2018 年，安吉县生产总值（GDP）404.32 亿元，比上年增长 8.3%。其中，第一产业增加值 26.38 亿元，第二产业增加值 178.30 亿元，第三产业增加值 199.65 亿元，分别增长 2.9%、7.0% 和 10.4%。2018 年，安吉县实现农林牧渔业增加值 26.81 亿元，同比增长 3.0%。其中，农业增加值 18.31 亿元，林业增加值 5.94 亿元，牧业增加值 5 416 万元，渔业增加值 1.59 亿元，农林牧渔服务业增加值 4 313 万元，分别增长 3.1%、1.5%、2.6%、6.9% 和 8.9%。据农村居民家庭抽样调查，全年农村居民人均可支配收入达到 30 541 元，名义增长 9.5%；其中，工资性收入增长 9.5%，经营净收入增长 7.6%，财产净收入增长 24.6%，转移净收入增长 11.2%。2019 年以来，安吉县先后入选首批国家全域旅游示范区、2019 年度全国投资潜力百强县市、全国乡村治理体系建设试点单位。2020 年 3 月 4 日，被工业和信息化部评定为国家新型工业化产业示范基地。2020 中国夏季休闲百佳县市。

（二）安吉县林业乡村振兴的探索与成就

2018 年，在安吉县召开的全国林业厅局长会议上，国家林业局命名安吉县为首个"全国乡村振兴林业示范县"。作为绿水青山就是金山银山理念发源地，近年来，安吉坚定践行"两山"发展理念，依托林业发展形成了林区发展、林业增效、林农增收的良好发展格局，走出了一条依靠林业生态优势实现乡村振兴的成功发展之路。

1. 打造最美林业生态

"七山一水两分田"的安吉着力建设"山水林田湖草"生命共同体，将保护森林资源作为生态建设的前提和基础。安吉相继出台《关于进一步加强森林资源保护制止毁林开垦的通知》《安吉县人民政府关于实施生态修复的意见》等文件及规划，坚决落实"生态红线"底线。近年来，安吉县在全省率先实施林区警长制、林长制等行之有效的工作机制，全面推进"智慧林业"建设，构建了"陆空一体化"的森林监管体系，实施乡镇主要领导自然资源资产离任审计等举措，让森林资源管护

81

得到了有力提升。

安吉县大力开展平原绿化、森林抚育、林相改造和彩化工作。该县坚持种养与管护并重,构建以城区、乡镇、村庄为点,公路、河道为线,农田、片林为面的平原绿化工作新格局,2017年新增平原绿化0.5万亩、森林抚育2.05万亩。全省首创珍贵彩色森林示范村工作,累计建成抚育珍贵彩色森林7.8万亩,新植珍贵树种148.8万株。

为提升农村绿化水平,推动乡村振兴战略的实施,安吉还启动实施了"一村万树"三年行动,计划用3年时间,以1个村新植1万株树为载体,大力种植珍贵树苗、乡土树苗,以春花秋叶改善乡村面貌,以绿水青山彰显生态优势,打造独具特色的精品森林村庄。

2. 推动林业产业富农

"两山"理念的核心要义是将绿水青山转化为金山银山,将生态优势转化为经济优势。"两山"转化,开发利用森林资源是重要的路径之一。安吉县深化全国林下经济示范基地建设,发展林中培植、竹林养殖、森林休闲模式,确立林下套种杨桐、林下中草药种植、竹笋培育的产业导向,目前已建成现代林业园区40个,林下经济面积达到29.1万亩。

安吉是林业大县,水果、林下经济品种种植对强村富民有着直接的推动作用。近年来,随着毛竹价格下降,安吉县林业局一直在大力推广林下经济、引入新品种,助推乡村振兴,并取得了初步成果。通过推广种植木本干鲜果、油料、药材及特用经济林树种等,实现"一村一品""一村一韵",为促进农民增收提供新路径。如在章村镇高山村开展三叶青种植试点,在昌硕街道双一村、天荒坪镇余村等地种植白芨、黄精等林下中药材。2018年,安吉县林业局指导梅溪镇三山村引进亚林36号甜柿新品种。据了解,该甜柿是中国林科院亚林所在日本甜柿基础上嫁接成功的新品种,口感、甜度都有提升。目前全国种植面积只有1万亩左右,在富阳基地,亩产值可以达到八九万元。除了三山村,在递铺街道双河村、青龙村等地,甜柿也作为新品种在推广种植。

作为中国竹乡,近几年,安吉大力改造提升竹产业,通过科技创新，竹产业实现从根到叶的全竹利用，竹产品走进 G20 杭州峰会，总产值突破 200 亿元。目前，有竹产品及配套企业 2 450 家，全县形成竹地板、竹纤维、生物医药等八大系列 3 000 余个品种。竹地板产量已占全世界产量的 60% 以上，竹工机械制造业占据 80% 的国内市场，形成由原竹加工到产成品的一条完整竹材加工产业链。

同时，安吉县充分挖掘竹子生产、科普、文化等地域特色，发挥森林优势，做精林业体验型旅游，做深景区依托型旅游，做透生态度假型旅游，做实文化创意型旅游，打响森林生态旅游大品牌，搭建全县域森林旅游格局。安吉结合现代林业综合园区建设，建设森林生态旅游，发展森林休闲养生产业，积极打造安吉冬笋、竹林鸡养殖等特色品牌，着力推进笋竹制品、山核桃等乡土特色产品走向市场，实现森林旅游产值超过 80 亿元。截至 2017 年年底，安吉县拥有 550 多家精品农家乐和民宿，总床位 1.6 万张，全县实现旅游总收入 282 亿元。2019 年，安吉县又出台了《安吉县森林康养产业发展总体规划（2019—2025 年）》，对森林康养产业以"1＋×"的产业发展模式进行整体产业布局。其中"1"指一大支柱产业——森林康养旅游产业，是以森林旅游为主的森林康养旅游；"×"指配套融合产业——康养＋医养产业、康养＋养老产业、康养＋民宿产业、康养＋食药产业、康养＋体育产业、康养＋教育产业，在安吉县具有特色和优势的产业基础上重点发展森林康养产业。根据规划，到 2020 年，全县森林康养年服务人数将达到 1 000 万人次，森林康养产业年产值要达到 200 亿元；到 2025 年，森林康养产业将成为支柱产业，安吉将成为国内外知名的森林康养新高地、国内外森林康养发展标杆，并为全国森林康养产业提供新示范。

依托竹木资源优势，安吉林业走出一条"精心培育一产、开放壮大二产、加快发展三产"的竹产业发展新路，利用全国 2% 的竹资源，创造出全国近 20% 的竹业总值。

3. 标准化推进美丽乡村建设

安吉经过科学谋划、通盘考虑，以标准化推进"中国美丽乡村"建设。在美丽乡村建设中，安吉形成了"一中心、四个面、三十六个点"为元素的"中国美丽乡村"标准体系。

安吉县均衡推进，整合涉农资金，加大公共基础设施建设向农村倾斜的力度，从根本上改善全县农村的基础设施条件。该县通过美丽乡村建设，实现了农村生活污水治理设施、实施垃圾分类、农村社区综合服务中心建设等行政村全覆盖，农村联网公路、城乡居民社会养老保险等13项公共服务全覆盖。

在乡村美化建设方面，安吉县依照个性打造，尊重自然美的原则，充分彰显生态环境特色，实现自然布局、融自然特色，杜绝大拆大建；注重个性美，因地制宜，进行分类打造，全面彰显"一村一品""一村一景""一村一业""一村一韵"。同时，安吉县注重古迹保留，对当地从古到今内含历史印记和文化符号的古宅、老街、礼堂、民房等古迹、古建筑予以保留，并结合当地经济社会发展赋予其现代意义的新内涵。

在乡村建设资金支持方面，安吉县通过多元投入，整合各部门涉农资金及项目，优先安排创建村。截至目前，安吉县直接用于美丽乡村建设的财政奖补资金已超20亿元。同时，共撬动各类金融工商资本投入200亿元以上。

4. 深化林业制度改革

创新林业经营管理体制机制，放活经营、规范流转，以稳定林地承包经营关系为基础，规范林地林木流转行为，建立健全林地林木流转服务体系，加快传统林业向现代林业转变。为加强流转服务，安吉不仅出台相关政策法规，还成立县林权管理中心，建立林权管理服务站15个，累计办理山林流转面积48万亩。目前，全县完成林地流转6 539亩，成立股份制合作社30家，组建家庭林场18家。按照要求编制森林经营方案，加强森林资源保护，合理开发国有林场资源，加快现代国有林场建设，目前灵峰寺林场成功创建省级现代国有林场。

安吉在全省率先推广林业合作社模式，探索建立全省首家林木股份制合作社联合社。2008年，全省首家毛竹股份制合作社——尚林股份制合作社在安吉诞生，在它的带动下，安吉先后有 30 个村成立林权股份制合作社，林权作价出资总额达到 1.73 亿元。全县通过修建林道、实施分类经营、定向培育、建立品牌等措施，累计投入政策性资金已达 3 500 万元，在股份制合作社建成毛竹现代科技园区 15 个。

大力推进林权抵押贷款，通过盘活森林资源资产推进林业产业发展。安吉县已与中国银行、农商银行、邮政储蓄银行等多家金融机构签订林权抵押贷款授信协议。累计发放林权抵押贷款 458 笔，抵押登记面积 21.03 万亩，贷款金额近 9 亿元。全省首批以林权非货币财产出资的 6 家公司在安吉成功注册，注册资本达 2.17 亿元，其中以林权作价出资总额达 1.5 亿元，出资林地近 2 万亩。而以林权非货币财产出资的合作社、公司在安吉注册成功，更激活了林地、林权的资本作用。

案例七：浙江省柯城区——"一村万树"振兴乡村发展

（一）柯城区区域概况

柯城区，现隶属浙江省衢州市，位于浙江省西部，东靠衢江区、西临常山县、西南与江山市接壤，是衢州市的政治、经济、文化中心。柯城区位优越、交通便捷，一直拥有"四省通衢"的称号，浙赣、杭长、衢九、衢宁等铁路线路及杭金衢等高速、国道横贯境内，民航班机连接北京、深圳等 7 个国内重要城市，且杭衢高铁计划于 2022 年开通。柯城区域面积 609 平方千米，管辖 2 个镇、8 个乡、8 个街道，包括 214 个行政村、45 个社区，其中新新街道、黄家乡委托市绿色产业集聚区管委会管理，白云街道委托市西区开发建设管委会管理。2019 年年末，全区管辖总户数 181 016 户，总人口 441 191 人。其中，柯城城镇人口 232 029 人，乡村人口 209 162 人，乡村人口占总人口近一半。

在农林牧渔产业发展方面，柯城区以农业、林业、渔业及其相关服务业为主。2019 年，全区累计实现农林牧渔业增加值 8.36 亿元。其中，农业增加值 5.84 亿元，同比增长 0.3％；林业增加值 0.76 亿元，同比增长 1.2％；牧业增加值 0.36 亿元，同比下降 16.6％；渔业增加值 1.02 亿元，同比增长 2.5％；农林牧渔服务业增加值 0.37 亿元，同比增长 1.7％。在乡村振兴战略的推进下，2019 年度乡村休闲旅游总人数 1 210 万人次，同比增长 1.51％，乡村休闲旅游综合收入 4.98 亿元，同比增长 2.2％。柯城 2019 年城乡住户调查数据显示，全区全体居民人均可支配收入 43 401 元，同比增长 9.7％。其中，城镇常住居民人均可支配收入 50 431 元，同比增长 8.6％；农村常住居民人均可支配收入 25 810 元，同比增长 10.2％，城乡收入比由 2018 年的 1.98 缩小到 2019 年的 1.95。

（二）柯城区林业乡村振兴的探索与成就

乡村振兴是实现乡村居民共享改革发展成果的一大创举。为了响应乡村振兴的政策号召，浙江省衢州市柯城区率先启动了"一村万树"行动，通过植树实现绿色经济和生态宜居。"一村万树"工程指的是，利用农村的边角地、废弃地、荒山地、拆违地、庭院地等"五块地"，见缝插绿开展种植活动，实现种植规模达到村均万棵以上，户均 10 棵以上。在树种选择上以珍贵树种、彩色树种为主，突出"一村一品"的地方特色，以"种"景观、"种"环境、"种"健康、"种"文化、"种"财富为目标，实现"万树村"串点成线，连线成面，构成独特的生态风景。2017 年 4 月 6 日，浙江省新植 1 亿株珍贵树。"一村万树"行动暨省市共建启动仪式在柯城区石梁镇中央方村举行，柯城区被授予全省"新植一亿株珍贵树'一村万树'先行示范区"称号。柯城"一村万树"的发展模式被浙江省大力推广。浙江省还在 2018 年提出实施"一村万树"三年行动，要求到 2020 年全面完成"新植 1 亿株珍贵树"任务，全省每个乡镇都要参与其中，构建覆盖全面、布局合理、结构优化的乡村绿化体系。截至 2020 年 3 月，"一村万树"工程已覆盖了全区的 112 个行政村，累计种植各类珍贵树、彩色树 103 万株，盘活土地 1 万余亩。

1. 科学选品种栽植实现多重效益

在"一村万树"工程实施以前,大部分村民以养猪和种植柑橘为主要谋生方式。一方面,由于气候原因导致柑橘大面积冻死;另一方面,在环保督察下,生猪养殖受禁。村民的生计来源面临着巨大的危机。同时,近年来,农村拆除违规建筑后,建筑垃圾未能及时清理,拆违地沦为村中的垃圾场,使得村庄环境脏乱差,乡村面貌受损。2017 年,柯城区提出了"一村万树"乡村绿化模式,主张充分利用农村的边角地、废弃地、荒山地、拆违地、庭院地"五块地",在每个行政村种植 1 万株左右的绿化美化树种,树种选择以珍贵树、乡土树为主。该模式通过低成本、可复制的方式盘活村中闲置土地,绿化乡村环境,实现了乡村振兴战略的要求,不仅符合美丽乡村的建设目标,还为乡村居民带来可观的经济收益。柯城区对"一村万树"工程的实施进行了统筹谋划,科学编制全域绿化规划和建设总体规划,鼓励认可民办公助、股份合作等多种实践形式,并开展村级间的评比竞赛,以增强各村的建设动力。

柯城区的"一村万树"工程主张各村种植 3 类树,分别是适合本地的珍贵树、产出收益较高的经济树以及观赏价值较好的彩色树。不同的行政村通过科学选品规模化种植,实现了"一村一品",收获了不同形式的经济效益。以沟溪乡为例,在柯城区政府的统筹规划和推动下,该乡从 2019 年 2 月开始,首先重点在余东村、洞头村、欣源村、碗东村、沟溪村、宋家垅村 6 个行政村推进"一寸万树"工程,分别种植黄金槐、榉树、红枫、银杏、桂花、紫荆、红豆树、浙江楠等 9 个树种,种植数量达 3 万余株。在积累总结经验的基础上,该乡随后又分别在直力村、五十都村、后坞村、河山村、斗目垅村等 5 个行政村分别推广种植香榧、金钱柳、榉树及红梅、浙江楠、樱花树等树种。

推动种植经济树种,培育经济林产业。沟溪乡直力村在考察嵊州市谷来镇香榧产业发展之后,被其较高的经济收益所吸引,因地制宜选择了相同树种。一开始,直力村筹措资金,利用集体所有的荒山和部分从村民手中流转的废弃柑橘地，建立了香榧基地，并种植了 6 000 株苗木。在专人管护下，苗木存活率超过了 90%。2017 年，为扩大种植规模，该村鼓励村民通过土地入股的形式参与香榧种植。在村集体的带动下，直坞自然村 90% 以上的村民入股了自家的闲置土地，用于该村的第二期香榧种植项目，种植面积达 100 多亩。截至 2019 年上半年，直力村的香榧种植规模达到了 10 600 株。按照三年成熟的生长规律，全村预计 2020 年收获 4 000～5 000 千克青果，以 2019 年 12.5 元/千克的收购价计算，总收益将达到 20 万至 25 万元。而且，随着香榧树的生长，其收益会持续增加，将为直力村的生活富裕提供有力的产业保障。

2017 年年初，在"一村万树"的号召下，五十都村则是选择了号称"摇钱树"的金钱柳作为特色树种，流转 200 多亩土地，发展了金钱眉茶产业。金钱柳的叶子富含微量元素，具有很好的保健作用，其经济价值很高，用它制成的茶叶入口甘甜，深受市场欢迎。2018 年，五十都村金钱柳的种植规模达到 20 000 余株，带动了 60 余户村民实现家门口就业。一斤加工过的金钱柳茶叶市场价值高达 300 余元，2018 年，金钱眉茶叶产业为全村创收 20 余万元。

植树造景，美化乡村景色，发展乡村旅游，将生态效益转换为经济收益。七里乡大头村早年已发展农家乐为主要经济收入来源，属于柯城区农家乐发展最早的地方。大头村具有非常优越的避暑条件，因此夏季农家乐生意火爆。然而，由于缺乏吸引力，大头村的农家乐不得不面对冬天的旅游淡季。七里乡的海拔较高，适合梅花生长。梅花花期前后长达两个月，具有很高的观赏价值。随着"一寸万树"项目的发展，大头村开始规划梅树种植。根据"一村万树"的要求，该村在边角地、废弃地、荒山地、拆违地等地种植了大量的梅树，形成了连片的梅园。2017 年，大头村的梅花种植规模达 80 多亩，大约 1.4 万株，在花期内吸引游客 6 万人次以上。相比以前，在旅游淡季里创收了 1.4 万元的毛利润。

除了利用冬季梅花为乡村旅游创收外，柯城还打造了樱花村斗目垄村，海棠村前昏村等特色村项目。柯城乡村一年四季皆有美景，极大地带动了村民参与乡村旅游经营，发展致富的热情与动力。

2. 探索四种模式助力项目实施

"一村万树"项目需要大规模种植，以及较大的前期投入，单靠村民难以实现。柯城区主张以政府为主导，创新项目发展方式，充分调动村集体、农户、社会第三方的积极参与。随着"一村万树"工程的推进，柯城区采取自种、流转、入股、合作等方式，探索出民办公助、股份合作、村企联合和公司＋农户四种模式。

一是"民办公助"模式。该模式有两种方式，其种植经营主体不同，且收益分配方式也不同。一种是由农户自行在闲置用地上进行种植、管护和销售，收益归其所有，林业部门或村集体为其提供苗木和技术指导。以石梁镇双溪村为例，林业部门为村民提供了 8 000 株浙江楠、10 500 株杨梅苗木，发展杨梅采摘等休闲农业。村民可自愿领取苗木自行种植经营，所得收益均为村民自家享有。另一种是农户将自家的闲置地统一流转给村集体，村集体代替农户进行种植、管护和销售，收益按照初期约定的比例进行分成。直力村实施"一村万树"的初期，便采用了该模式，利用从部分村民手中流转的废弃柑橘地，建立了香榧基地。

二是"股份合作"模式。该模式下，农户将自家闲置地、抛荒地作为资本进行入股，由村集体或村旅游开发公司组织统一种植、统一管理、统一营销，经营收益则是按照入股土地面积或种植数量进行分红。五十都村由村集体控股、村民入股成立的"衢州市点街农业发展有限责任公司"进行运营，从种植、加工到销售全过程实行公司化运作，村民负责树木的种植与养护，产生收益后，村集体与村民按 51∶49 进行分红。

三是"村企联合"模式。该模式主要应用于靠近园区、厂区的村庄，村民或者村集体提供闲置地或农用地，园林公司或企业后勤服务公司提供"种养销一条龙"服务，未来收益农户（或村集体）与企业按

8：2的比例进行分成。例如，衢化街道上祝村、缸窑村依托毗邻巨化集团的优势，分别与巨化集团下属的兴化公司、杭州兰天园林生态科技股份有限公司进行合作，所种植的苗木均由公司派专人进行养护管理。最终，苗木销售的收益由村企按比例进行分成。

四是"公司＋农户"模式。该模式主要由公司负责提供苗木、种植技术，农户提供种植所需的土地以及负责后期的养护，苗木成熟后返销给企业。五十都村采用了该模式，通过村集体控股、村民入股成立的"衢州市点街农业发展有限责任公司"进行运营，从种植、加工到销售全过程实行公司化运作，村民负责树木的种植与养护，产生收益后，村集体与村民按51：49进行分红。

3. 推广绿色期权吸引社会资本注入

一方面，林业生产周期长，前期资金投入需求大，收益回报慢，农村居民的经营意愿并不强烈。另一方面，村集体发展资本匮乏是大多数乡村实现振兴的重大障碍。为进一步推动"一村万树"工程的实施，实现"一村万树"绿化品牌的市场价值，柯城区创新提出了"一村万树"绿色期权的发展模式。通过"绿色期权"产品，柯城区成功推进了村企结对帮扶经济薄弱村的项目建设，由企业或个人付费买林木未来收益实现村集体"一村万树"小周期变现增收。该实践将各方资本有效地引入到"一村万树"工程建设中，构建了一条汇集社会资源、资产和资金的通道。

"一村万树"绿色期权是指，由企业、机关事业单位、社会团体、家庭和个人等对"一村万树"项目进行天使投资，在柯城区有关村股份经济合作社出资认购一定数量的珍贵彩色树木资产包，并享受约定时限期满后的资产处置权。根据"一村万树"绿色期权的产品设计，企业、机关事业单位及社会团体认购的"资产包"含有100株珍贵彩色树木，3万元认购5年周期，5万元认购10年周期，到期后获得50株树木的处置权。家庭和个人及特定群体也可认购"个性定制"绿色期权，单株珍贵彩色树木的5年认购期费用为500元，到期后可交割、转让、捐赠等。"一村万树"的绿色期权所得都将被用于"一村万树"所栽种苗木的日常护理开支。

自"绿色期权"模式提出后，柯城区积极联合组织部、林业、财政、工商联等部门及有关乡镇多次召开"一村万树"绿色期权座谈会，对其进行深入的研究探讨。为了更有效地带动工商资本的投资积极性，柯城区还针对"绿色期权"的相关内容，先后向浙江永联、金沃精工等8家企业代表、市区15家银行代表以及上海商会等商会征求意见。在多方意见的融合下，柯城区相继出台了《柯城区"一村万树"绿色期权实施指导意见（试行）》《柯城区"一村万树"绿色期权管理办法（试行）》，为"绿色期权"的推广提供了政策保障。

2019年，"一村万树"绿色期权被正式推出，并且获得了社会各界的高度认可与支持。在最初两个月，"一村万树"绿色期权资金已达681.26万元。134家企业（商会、乡贤）认购了167个绿色期权包，认购资金627万元；160个个人认购绿色期权资产单位1 138个，认购资金54.26万元。2019年3月6日，柯城在范村召开了"一村万树"绿色期权的产品发布会，极大地提高了该产品的知名度和市场热度。

4. 利用"互联网十"拓宽产品销售出路

乡村振兴离不开产业兴旺和生活富裕，必须加快促进农业产业升级、农产品上行。"互联网＋农业"是一条被寄予厚望的出路，农村电商的推广应用可以有效塑造和推广地区农产品品牌，打开农产品市场，提高农产品销量和价格。"网络直播带货"成功打入城市居民的消费市场，对解决农产品销路问题具有极大的潜力。

2019年，柯城区政府联合浙江妙趣互娱电子商务有限公司，共同打造了浙江省第一个阿里巴巴淘宝直播村播试点区——万田乡乡村振兴综合体，开启了村播振兴乡村的实践之旅。村播作为一种数字营销的新技能、新渠道、新方法，为农业产业兴旺、村民生活富裕带来了新的动力。对于农业生产，农民最急迫和最优虑的事情便是如何打开农产品销路。通过村播，农民只需要一部手机，一个直播平台，便可将自己的农产品推销向全网,实现产品变现。在第一场"淘宝村播直播日"当天,参与直播的农产品实现销售额 500 多万元。

为了更有效地发挥"互联网+"的宣传销售作用,2020 年,柯城区对万田乡乡村振兴综合体进行改造升级,建设"潮侬集市",致力于打造中国最潮"三农"和全国第一村播综合体。"潮侬集市"结合了线上推广销售和线下集中体验,以带货量、宣传效果为基础,不仅能够塑造和推广柯城的本地村播品牌,还能够吸引集合全国各地的优质农产品,孵化具有市场价值和潜力的网红农产品和潮流品牌。

网络直播卖货,对农民来说是一种新鲜事物。农民需要学习培训才能合格上岗,成为给力的带货主播。柯城在阿里巴巴的支持下,将万田乡乡村振兴综合体打造成全国首个阿里巴巴"村播学院"。2019 年 10月 28 日至 30 日,柯城区正式启动阿里淘宝直播"农民当主播"村播计划培训班。此次培训吸引了 100 多位新农人的参加,包括农业经营主体、返乡创业青年、农村电商从业者等。"村播学院"的培训服务,使得更多的农民和农业从事者对这种新的农产品销售方式更加了解,更有信心。

案例八:浙江省景宁畲族自治县——林旅融合的畲乡振兴之路

(一)景宁畲族自治县区域概况

景宁畲族自治县,现隶属浙江省丽水市,位于浙江西南部、洞宫山脉中段,属浙南中山区,东邻青田县、文成县,南衔泰顺县、福建省寿宁县,西枕庆元县、龙泉市,北连云和县、丽水市,距省会杭州约 259千米,距浙西南中心城市丽水 80 千米。景宁地势呈西南—东北走向,海拔随走向由高渐低,地貌以深切割山地为主。全县县域面积 1 950 平方千米,下辖 2 个街道,4 个镇,15 个乡,总人口 171 545 人。

景宁为全国唯一的畲族自治县和华东地区唯一的民族自治县。据史料记载，畲民迁入景宁已有 1 250 多年历史。现县内拥有畲族人口18 594 人，占 10.84%。当地传入并完整地保留了畲族歌舞、服饰、语言、习俗、医药等传统文化。其中，畲族民歌、"畲族三月三"、畲族婚俗被列入国家非物质文化遗产，"中国畲乡三月三"被评为"最具特色民族节庆"。景宁于 2018 年 12 月被国家民族事务委员会命名为"全国民族团结进步创建示范区（单位）"；2019 年 1 月入选 2018—2020 年度"中国民间文化艺术之乡"名单；2019 年 9 月获得"全国民族团结进步模范集体"称号。

（二）景宁畲族自治县林业乡村振兴的探索与成就

景宁拥有良好的生态环境，森林覆盖率达到 81.09%，林木蓄积量1 086.4 万立方米。同时，作为全国唯一的畲族自治县，华东地区唯一的少数民族自治县，有独特的少数民族文化资源。林下经济和生态旅游的发展，为景宁将"绿水青山"转化为"金山银山"提供了一条可持续发展的道路。

1. 实现"一亩山万元钱"的林下经济

景宁县内林地资源丰富，拥有林地 242.8 万亩，具有很强的林业产业发展潜力。在"绿色发展、科学赶超、生态惠民"发展思想的指导下，景宁县以实施乡村振兴战略为契机，根据"九山半水半分田"的县情林情，出台了《关于扶持林下经济发展的若干意见》，推动林下经济的发展，发挥林业的生态优势和产业优势，促进乡村增收致富。景宁提出了"一亩山万元钱"的林下经济发展目标，鼓励利用森林内的空地重点发展毛竹林下中药材种植，着力培育和发展林下套种多花黄精、覆盆子、三叶青等品种，持续推广香榧高效生态栽培、铁皮石斛仿生栽培等模式，全面提升木本油料、高效笋竹林、珍贵用材林等林业特色产业。

近年来，景宁林下经济建设规模不断扩大，发展经验不断累积。在传统的林果、林草以及林菌的基础之上，景宁发展了林畜以及林药等新模式。景宁政府还对县域内从事林下经济发展的企业、其他组织和个人实施补助。县内已有超过 60%的农民加入了"一亩山万元钱"的林下发展项目，林下产业发展惠及人数达 1 000 万人左右。

2017 年，景宁县在草鱼塘林场建设了林下套种多花黄精示范基地100 亩，并且完成梅岐铁皮石斛林下生态化经营项目的铁皮石斛上树 60亩。截至 2018 年上半年，景宁已发展林下经济 3 029 亩，创建示范基地 8 个，"一亩山万元钱"辐射推广 2 000 亩、巩固深化 4 000 亩，新增木本油料绿色产品基地 1 525 亩，其中香榧 1 015 亩、油茶 510 亩，提升毛竹基地 3 092 亩，惠及林业经营主体 30 家、农户 1 332 户。

景宁林下经济产业化、规模化、品牌化发展需要专业技术、资金的助力。一方面，景宁县政府为林农发展林下经济联系技术专家"铺路搭桥"引进技术支持。景宁通过召开"丽水山耕·景宁 600"富民强村工程现场推进会，在会议现场聘任了 10 名富民强村工程特邀专家，并举行了产销合作签订仪式，为林下经济的发展建立了坚实的技术后盾。另一方面，景宁开展了招商引资"双十双百"百日攻坚战，对接有效客商6 位，外出招商 3 次，成功引进 1 家企业在景宁注册成立新公司，注册资金 5 000 万元。该企业已签订了意向合作协议，计划建设香榧基地2 000 亩、投资 1 000 万元。

为实现"一亩山万元钱"，景宁不忘推动县内林企"走出去"。依托良好的林业生态、优越的林下产业发展环境以及独特的畲族文化资源，景宁组织林业企业参展第十届义乌森博会。森博会上，景宁搭建的畲族风情馆获得了最佳展台奖，参展的林下产品获得金奖 1 个、创意林产品银奖 1 个。景宁林业企业还在会上成功签约了 8 个订单，订单金额超过300 万元；达成 5 个意向订单、248 笔电商平台订单，现场总销售额16 万余元。

2. 构建林产品上行的畲乡模式

"林产品上行"指的是，将乡村的农产品进行标准化、规模化、商品化和品牌化之后销往城市，以促进当地经济发展，提高林农收入。

近年来，景宁县致力于推动绿色生态产业振兴以实现乡村振兴。景宁县通过"基地＋订单种植＋产品包装＋线上线下融合销售＋产品配送"的新型模式，提供了绿色林产品标准化生产、规模化种植、品牌化销售一条龙服务，创建了具有鲜明地域特色的林产品上行"畲乡模式"。

丽水一山绿色实业公司是实施林产品上行"畲乡模式"比较典型的范例。在林产品上行"畲乡模式"的引导下，丽水一山绿色实业公司已与县内的 20 多个村 1 000 多户农户签订常年种植协议，种植规模达 5 000 多亩。公司指导带动村民统一种苗、统一标准、统一管理、统一包装、统一销售，极大增强了产品的市场竞争力。2018 年，丽水一山绿色实业公司实现销售额 5 800 万元，为农民增收 2 000 多万元。

构建林产品上行"畲乡模式"，解决物流运输问题是关键，既要将农户在偏远山村的林产品运送到城市，又要保证林产品的保鲜。近年来，景宁县积极强化冷链物流体系建设，提升农产品配送效率。通过给予冷链物流企业一定的政策倾斜，吸引和鼓励企业开展冷链物流项目，提升整体物流的时效性。同时鼓励农产品产地和部分田头市场建设规模适度的预冷、贮藏保鲜等初加工冷链设施，补齐农产品产地"最先一千米"短板。

此外，景宁县还实施"一乡一业""一村一品"，依托各村电商服务站点"地利"优势，做好村级旅游资源、林产品资源线上推广工作，发展"互联网＋特色农产品"电子商务平台，通过"邮乐购""赶街"等平台发布信息，线上、线下渠道融合，打造林产品上行"终端利器"，让农村电商服务站在林产品上行中发挥独特的作用。

3. 打造"红＋绿＋畲"融合的全域旅游

在景宁县的敕木山南麓，一座畲族古村记录着一段"红色"的传奇历史。大张坑是个传统的畲族村，整村依山而建，石墙、夯土、黑瓦、木楼等建筑至今依旧保留着最原始的畲族特色。在革命战争时代，大张坑的畲族人民以"忠勇"闻名于世，曾在攻打梅岐碉堡、解放景宁县城等战斗中立过汗马功劳。领导闽东三年游击战争的叶飞于 1987 年 11 月在给景宁人民的信中写道:"在闽东三年游击战争最艰苦年代,畲族人民作用很大。第一,最保守秘密、对党很忠诚;第二,最团结。"在大张坑村畲族革命历史展览馆中,这段话被镌刻下来,作为这段红色记忆的见证,也鼓励鞭策着村中的后人们。

近年来,随着景宁大力推进全域旅游发展,东坑镇和大张坑村的党员干部们深度挖掘红色故事,打造红色旅游路线,大力发展红色旅游。

森林是旅游发展的基础资源,景宁大力实施林旅融合,充分发挥森林资源优势,推动森林休闲养生等新兴绿色旅游产业的发展。景宁在全县范围内展开了森林风景资源调查与评价,推进林产品旅游地商品转化,实施民宿经济林业项目,积极培育森林康养基地、林业体验园等新业态。目前,县内已创建 5 个森林人家特色村、2 个林业体验园和以草鱼塘省级森林公园为试点的森林康养基地。同时,景宁东坑森林特色小镇被列入省级森林小镇创建项目名单,项目以东坑镇为中心,辐射周边乡镇,打造森林休闲养生、产业发展为一体的基地。目前已经建成爱情花海和露营地项目。

作为全国唯一的畲族自治县,景宁的旅游发展也少不了畲乡特色的加入。景宁县打造了一条 13.14 千米的"畲乡绿道",连接着城区和大均乡,吸引了络绎不绝的游客在风景道上骑行、拍照、散步,享受大自然的风光美景。伏叶村是风景道经过的唯一村庄,为了吸引游客,该村全面展开了加宽停车场、做好垃圾分类、保持村道整洁等一系列旅游基础保障工作,为游客打造一个干净舒适的旅游环境。村中将村民的自留地进行统一规划利用,建成中草药基地、中蜂科普园,作为乡村旅游的特色风景线。村民开农家乐的热情愈发高涨,一家家畲乡特色的农家乐如雨后春笋般出现。大均村则建设了一条充满畲乡风情的古街。游客可在古街上购买到畲乡风情的服装、钱包、手链、彩带等手工品;而畲族村民可以利用自身的传统手艺赚取收入。景宁依托大均村古街,打造了"畲乡之窗"景区。景区根据当地的风土人情,开发出畲族婚俗、浮伞仙漂等项目，以休闲度假、水上活动、游览观光为主要旅游活动，每年吸引着大量的游客。畲族长桌宴更是景宁乡村旅游的一大特色。炒龙须、山哈圆子、腊笋干、畲族红曲酒等一道道散发着山野香味的畲族传统菜肴，成为景区的美食招牌。

有历史文化，有生态风景，有民族特色，让游客留得住、住得下，正是景宁因地制宜发展乡村旅游，实现"绿水青山就是金山银山"的生动实践。

案例九：江西万载县——"生态＋产业＋旅游＋就业"融合发展

（一）万载县区域概况

万载县，现隶属江西省宜春市，位于赣西北边陲，武功山以北，九岭山脉西南，居锦江上游，东邻上高县、宜丰县，南接袁州区，西连湖南省浏阳市，北毗铜鼓县，是老革命根据地之一。尽管该县属于江西省丘陵山区县，但交通相对便利，拥有昌栗、铜万宜两条高速公路及 G220、G320 两条国道，距离宜春明月山机场、宜春高铁站约 40 千米。万载县全县土地面积 1 719.63 平方千米，县境东西长 61 千米，南北宽 52 千米，辖 9 个镇、7 个乡和 1 个街道办事处，20 个居委会和 3 355 个居民小组。2018 年年末，全县拥有户籍户数 160 038 户，户籍人口 577 327 人，其中城镇人口 209 958 人，乡村人口 367 369 人。县内分布了汉族和壮族、满族、瑶族、回族、苗族、蒙古族、藏族、维吾尔族、彝族、侗族、土家族、哈尼族、畲族等 13 个少数民族。

万载森林资源丰富，生态条件优越，有"中国绿色名县""全省生态文明建设示范县"之称。全县林业用地 163.2 万亩，有林地 144.15 万亩，活立木总蓄积 407.48 万立方米，竹林储蓄量 31 742.41 万立方米，毛竹株数 4 770.88 万株，森林覆盖率达 63.15%[①]。在森林分类经营利用和保护的政策引导下，规划发展生态公益林 44.521 5 万亩，商品林 118.674 万亩。自 2001 年以来，县内设立有省级自然保护区 2 个，分别为三十把自然风景保护区（总面积 21 平方千米）和九龙省级自然保护区（总面积 42 平方千米）。其中，三十把自然风景保护区是目前赣西地区面积最大、保存最完整的典型的亚热带森林生态系统。

2018 年，万载县生产总值（GDP）达 1 547 142 万元，同比增长 8.6%，且三大产业的增加值相较于上一年均有所增长（表 3-1）。此外，全县农林牧渔业总产值 29.71 亿元，占比 19.20%，比上年增长 5.16%。其中林业生产部门增长最快，总产值达 3.73 亿元，比上年增长 9.75%。

表 3-1　2018 年万载县经济发展情况

	增加值（亿元）	增长率（%）	占比（%）
地区生产总值	154.71	8.6	100
第一产业	17.39	3.8	11.24
第二产业	72.93	8.2	47.14
第三产业	64.40	11.0	41.62
农林牧渔总产值	29.44	5.16	100
种植业	13.75	3.31	46.71
林业	3.73	9.75	12.67
牧业	9.23	3.57	31.35
渔业	2.73	3.66	9.27

近年来，该县农村经济发展和生活水平得到有效改善。一方面，农村居民人均可支配收入不断增长；另一方面，农业扶贫对象人数快速减少（图 3-1）。特别是实施乡村振兴以来，其发展成效更为显著。农村居民人均可支配收入由 2017 年的 11 106 元增长至 2018 年的 12 180 元，同比增长 9.67%。农业扶贫对象人数由 2017 年的 12 600 人减少至 2018

---

① 数据来源：2017 年中国林业统计年鉴。

年的 7 470 人，同比减少 40.71%。

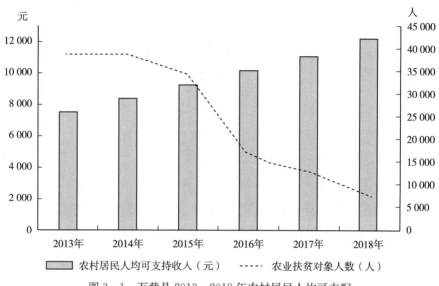

图 3-1 万载县 2013—2018 年农村居民人均可支配
收入与农业扶贫对象人数情况

（二）万载县林业乡村振兴的探索与成就

"靠山吃山"是大多数山区居民的生存发展准则。为改变林农"砍树变现"的传统发展方式，实现林区生态与林农生计振兴，万载县利用优越的生态资源优势，将林业生产与观光旅游深度融合，积极探索"生态＋产业＋旅游＋就业"的现代化绿色生态产业发展道路。

1. 发展多样化的林业特色产业

在强化森林资源培育和保护措施的同时，万载县结合当地自然条件，科学调整林业生态产业结构，主攻毛竹低改、新造油茶、花卉苗木、茶叶、果业、森林药材种植等市场前景好、经济效益高、投资回报快的林业特色产业项目，并且延伸生态产业链条，提高产业效益。在深化产业"放管服"的制度安排下，该县致力于搭建林地流转、资金倾斜、技术指导等服务平台，引进和扶持了大量的龙头企业。通过"龙头企业＋基地＋合作社＋农民"模式，形成了企业与农户一体化的利益驱动链条，促进林农生产经营方式向绿色生态产业化、集约规模化、产业特色化转变。此外，为推动产品的提档升级，提升市场竞争能力，万载县十分重视本土林业品牌建设，提升当地林农产品知名度和企业竞争力。2017年，全县拥有种植万亩以上高产油茶大户3户，林下果菜、药材、林菌、百合、草莓等特色种植大户180多户，各类土特养殖大户85户，绿色生态食品加工龙头企业9家。全县建成林下种养、加工基地500多个，经营面积达70.8万亩，林下经济综合收入达到10.5亿多元。该县发展高产油茶、笋竹、花卉苗木、茶叶、山药、中药材、水果种植、特色养殖、农林产品加工等产业项目80余个。其中，46个农林产品、160多个加工产品获得有机认证；36个农林产品获得国家、省市级驰名商标和名优品牌。

万载县的毛竹资源非常丰富，具有较大的经济价值。万载因地制宜，实施毛竹林低改项目，改善毛竹单产和品质，提高毛竹产业经济收益和产业价值。万载还根据分类经营利用的原则，加大护笋育竹力度。2019年，建立毛竹丰产林基地58个，面积达到36.4万亩，新增活立竹达到960万根，增值8 600万元，生态培育竹笋两用丰产林14万多亩，全县毛竹总种植面积达67.5万亩，占全县林地面积的39.1%，总体活立竹蓄积量8 980多万根。据测算，实施低产竹林改造后，平均每亩竹林新增毛竹可达到70根，冬笋亩产50至60千克，春笋亩产150至300千克，加上竹笋加工和毛竹剩余物竹尾、竹杠等综合利用，贫困劳动力亩均增收可达到1 500余元。在毛竹加工利用上，万载大力扶持毛竹加工企业技术创新，加大竹废料的新产品开发力度，提高综合利用率，使毛竹的加工利用率由85%提升到96%，产品附加值也得到大幅提高，年加工产值达1.2亿多元。为了提高产品价值，该县还大力实施品牌战略，鼓励毛竹龙头加工企业争创品牌。目前，该县有毛竹加工规模以上企业5家，创省级知名品牌6个，形成了以竹胶板、竹地板、竹工艺品等为主导的80多个品种。

万载油茶产业历史悠久，是全国100个油茶示范基地县之一。近年来，万载将油茶产业作为"生态立县、有机富民"的一项支柱产业，实施"科技兴油"战略，出台了《万载县发展油茶产业若干规定》，通过政策扶持、连片示范等方式整体推进油茶产业发展。通过政策、林地、资金、技术资源等的整合，万载采取"企业＋基地＋农户"联合的方式，带动农林合作社、大户、林农新植的同时，对低产油茶林进行改造。该县按照"统筹规划、突出重点"的原则，对老油茶林科学规划，安排林业技术人员在全县推广油茶林地清理、垦复、蓄水保土和病虫害防治等改造技术，并组织林农开展技术培训。目前，已建立各类油茶基地 21 个，开发万亩以上油茶产业企业 3 个，全县新增油茶面积 8.5 万亩，低产油茶林改造 2.56 万亩。经过多年的抚育改造，油茶籽亩平均产量已达到了 430 多千克，亩产茶油 30 多千克，每亩为林农增收 4 800 多元。

根据市场需求导向，万载县积极提供政策和科技支持，促进发展乡土特色苗木花卉新兴产业。"公司＋合作社＋基地＋农户"等经营方式催生了苗圃和农户的利益共同体，扩大了生产规模和产量，提升和保障了苗木花卉质量。当前，全县乡土特色苗木花卉种植面积达 1.82 万亩，育苗专业户 210 余户，已发展造林苗、绿化苗、树桩、木本花卉、盆景和地被植物 6 大类、230 多个品种，产品畅销省内外。

2. 打造生态旅游品牌

农林区域变旅游景点、古乡民房变度假民宿、特色土产变商品品牌是万载县发展壮大生态旅游的重要战略。万载县凭借科学布局、统筹规划，将生态产业发展与乡村生态文明建设相融合，为乡村振兴提供了新的思路。

在提升三十把自然保护区、九龙原始森林公园、竹山洞等绿色生态景区的同时，万载创办"林下经济景观园""赏花采果园""农、林业有机示范园""农林家乐""特色养殖基地"等基地 50 多个，开发各类休闲生态农林业和乡村旅游项目 40 多个，大力开展森林体验、田园观光、水上乐园、林间露营等户外运动，提升生态旅游休闲度假接待能力。在旅游景区的依托下，万载形成林下种养、加工、旅游共同发展，相互促进的格局，实现了农林生产与观光旅游深度融合。

通过规划乡村风景林建设，万载县将乡村绿化美化建设与生态旅游发展相结合。在保护原有的森林景观和人文历史遗迹的前提下，采取"封、改、补、造"等综合措施，开展乡村"四旁"隙地绿化美化建设。同时，加强林间游步道、生态休闲区等基础设施建设，对古树、名木、古树群落通过标识挂牌、砌砖堆土、乡规民约等进行保护。万载480多个新农村点森林覆盖率平均高出全县的3.1%，拥有国家级森林村11个、省级生态村5个、市级生态村26个。此外，该县以休闲农庄、森林山庄等特色民宿为载体，对古乡民房采取"保留古色风朴、增添现代新意"的修缮模式进行改造。目前，该县民宿、餐饮经营实体已发展到400多家，新增农村劳动力就业1 250多名。

该县以提升农林产品品质、打造特色品牌为突破口，加大无公害农林产品、绿色食品、有机食品"三品"认证和品牌创建力度，扩大品牌知名度和市场占有率。截至目前，已有160多个农林产品、农林加工产品获得国家、省、市级"绿色有机产品"认证，36个农林产品获评国家驰名商标、省著名商标和名优品牌。同时，该县开发出棕叶米果、南酸枣皮、杨桃梨干、野生蔬菜干等100多种乡村旅游产品。目前，全县980多户农民通过销售、加工土特产品，户均年收入达到1万多元。

据统计，2018年，万载县累计接待旅游人数751.36万人次，同比增长25.2%；旅游综合收入76.55亿元，同比增长42.6%；辐射带动着5 700多名农林劳动力转移就业增收。

3. 鼓励能人返乡创业

为解决当地人才缺失、就业平台不足等问题，万载县依托丰富的生态资源优势，提供政策倾斜、技术指导、资金帮扶等措施，吸引能人返乡创业，实现技术资金回流，助力生态林业产业发展。县、乡（镇、街道）领导与返乡创业者"一对一"结对，为其返乡发展生态产业提供全方位的服务保障，建设生态林业产业开发创业服务平台。该县为返乡创业能人提供经济信息、适用创业项目、土地林地使用、厂房租赁、证照办理等创业服务，免费技能培训、技术服务跟踪指导、权益维护等创业保障。此外，对返乡创业企业提供信贷支持，开辟创业担保贷款绿色通道，提高贴息贷款限额。截至 2020 年 4 月份，该县为返乡创业者累计发放创业担保贷款 2 000 多万元。同时，在税收、行政规费等方面给予优惠，允许创业公司注册资本分期到位，享受 2 年内税费减免，对经营一年以上的给予一次性创业补贴，租赁正常经营的给予场租补贴。

另外，万载县结合农林企业、农林产品加工企业、生产合作社、基地、家庭农林场、大户等经济实体用工需求和农村劳力的技能实际，采取各种有效措施，大力开展"订单""定向"式就业技能免费培训，提升农林劳力技能素质和就业数量。乡镇（街道）基层平台转移就业的作用得到有效发挥，通过送岗位、送信息、送政策服务，让更多的农林劳动力实现就地就业增收。

近年来，"回雁"式的生态产业经济开发工程取得了重大成就。100 多名本县在外能人回乡从事油茶、速生丰产林、林药、林菌、林畜、花卉苗木、笋竹、林产品加工、森林康养、生态林业旅游等生态林业产业开发创业，引进各类新技术、新品种 80 多项（个），投入资金 4 800 多万元，带动 1 200 多名当地林农劳动力转移就业增收。

案例十：江西资溪县——以"竹"为中心发展产业集群

（一）资溪县区域概况

资溪县，现隶属江西省抚州市，位于江西省东部，与多个市县接壤，东邻福建省光泽县，南接黎川县，西与南城县交界，西北毗邻金溪县，东北连贵溪市。其境内有济广高速、抚吉高速、316 国道和鹰厦铁路经过，有"江西东大门"之称，是由赣入闽的主要通衢。资溪县县域面积 1 251 平方千米，截至 2018 年年末，辖 2 乡、5 镇和 5 个生态公益型林场，总人口 13 万人。

　　资溪地处武夷山脉西麓、武夷山和龙虎山之间，其中 87.5％ 的土地类型为山地。作为江西省重点林业县，其林业资源丰富，拥有林地面积 111 112.65 公顷，活立木蓄积 7 319.64 亿立方米，森林覆盖率达 87.3％。按分类经营划分，生态公益林地面积为 36 118.6 公顷，占林地面积的 32.5％；商品林地面积 74 985.7 公顷，占 67.5％。由于气候、土壤等自然条件非常适合毛竹生长，资溪有 55 万亩毛竹林，占全县总面积近 30％，毛竹总蓄积量约 8 000 万根，是江西省重点毛竹产区之一。第七届中国竹文化节，资溪被中国竹产业协会和国家林业和草原局国际竹藤中心组织专家认定并命名为"中国特色竹子之乡"。2019 年，林业产值 21 759 万元，同比增长 4.2％，占农林牧渔生产总值的 29.96％。此外，资溪具有极强的生态优势，拥有江西马头山国家级自然保护区、清凉山国家森林公园、九龙湖国家湿地公园、华南虎野化放归基地等国家级名片。2019 年 9 月，资溪入选首批国家全域旅游示范区；于 2020 年 6 月入选国家森林康养基地（第一批）名单。

　　在乡村经济发展方面，近年来的农业扶贫对象人数急剧减少（图 3-2）。

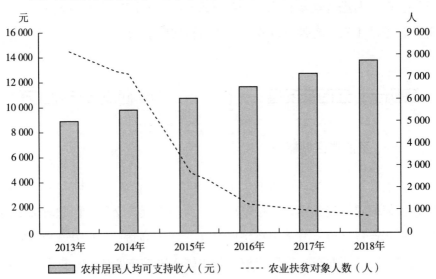

图 3-2　资溪县 2013—2018 年农村居民人均可支配
收入与农业扶贫对象人数情况

2018 年,资溪县农村居民人均可支配收入达 13 762 元,同比增长 8.9%,其增幅列抚州市首位。其中,林业收入在资溪乡村居民收入中占据较大比重。2018 年,资溪县新增中药材种植面积 3 700 亩、果蔬 3 000 亩、茶叶 1 260 亩,中华蜂养殖达 8 700 箱,"资溪白茶"品牌价值达 2.9 亿元。

(二)资溪县林业乡村振兴的探索与成就

毛竹生长周期短、用途广、无污染。作为全国首批国家生态文明建设示范县,资溪充分利用其生态资源优势,整合现有毛竹资源,以市场为导向、科技为动力、政策为保障,不断优化产业发展结构,延伸产业链条,重塑资溪毛竹品牌,实现了竹产业发展与环境保护、脱贫攻坚、乡村振兴的协调统一。资溪境内的 53 万亩毛竹以及周边区域的 200 万亩毛竹资源将得到有效综合利用,县内竹农将实现增收致富。

1. 加大政策扶持改善产业发展环境

过去资溪县虽然作为江西省重点毛竹产区之一,但其木竹产业综合效益与其他市县相比仍有较大的差距,毛竹资源的产出率偏低。该县的毛竹资源大多分散在林农手中,其经营管理方式基本上是只取不予、重伐轻管,立竹量较低。乡村振兴战略实施以来,为对现有毛竹资源进行整合,资溪县进行了毛竹资源专项调查,对毛竹林资源状况、经营流转状况、集约经营程度、毛竹采伐可及度及需改造的面积进行详细的统计分析。此调查为毛竹林基地的规划建造提供了决策依据。

引导毛竹适度规模化、集约化经营。资溪县大力鼓励林权流转,推动有资金、经营能力和技术的大户或公司通过租赁、承包和转让等方式获得毛竹林经营权,为其适当延长承包周期。对于经营规模较小的农户,资溪县积极引导其通过以山入股或作价入股等不同方式成立竹专业合作社,并提供资金扶持、项目安排、毛竹林低改采伐指标分配方面的优惠政策,实现毛竹生产组织化。当前,全县已推动毛竹林地流转超过 25 万亩,成立毛竹专业合作社近 20 家、毛竹经营大户 10 余家、竹类加工企业 42 家，其中省级龙头企业 5 家。其生产经营的主要产品涵盖了户外竹板材、展开板、竹家具、竹食品签、竹炭等。

为改造竹林生产方式，提高毛竹产出效益，县财政设立了毛竹发展基金。毛竹发展基金的财政预算每年超过 100 万元，通过奖励、补助、贷款担保、贷款贴息等形式引导林农改变竹林栽培方式，主要用于开展毛竹林低改、新造毛竹林、学习运用新型实用技术等。根据资金使用规范，毛竹林低改每亩补助为 10 元至 20 元，新造毛竹林每亩补助为 50 元至 100 元。至今，全县实施毛竹低产林改造面积已达 21 万亩，实现了毛竹分类经营，且提高了竹林单位面积产量。

林区交通不便，竹材运输成本大，严重影响了毛竹经营效益。为降低毛竹经营成本，提高收益，县财政积极推动林区公路的改建与新建工程。县财政为新建林区公路每千米补助 1 000 元，改造林区公路每千米补助 500 元，至今累计投入资金 400 余万元。资溪每年新改建林区公路在 80 千米以上，超过 70% 的毛竹林区实现了公路通行。

2. 构建平台发挥竹业集群效益

资溪县原有的竹产业具有加工落后、龙头不强、平台缺失的发展弊端。从毛竹加工企业性质和效益上看，普遍为年产值 50 万元以下的小作坊式的高耗低效毛竹加工企业，其产品生产粗放、效益不高现象显著。其竹类产品种类较少，且档次不高、关联性不强，以半成品和粗加工居多，剩余物大多用于烧锅炉的燃料，综合利用率及产品附加值较低。为解决毛竹加工不专业、产业配套落后、产业链条短等问题，资溪积极建立集毛竹培育、采伐、运输、销售、深加工等为一体的现代竹产业园，发挥产业集群效益，为产业发展提供强有力的支持和全方位保障。县政府依托毛竹资源最丰富的高阜镇，规划园区土地 2 000 亩，构建综合服务带、生态景观绿化带、创新创业区、精深加工区、配套服务区。园区建设总投资 20 亿元、可容纳 40 家大小企业。通过产业园的集聚作用，相关产业链的企业将进园实现资源的整合与共享，实现资溪毛竹产业发展结构的优化，产业链条的延伸。

资溪县不仅大力推进招商引资，吸引国内外知名的林业集团公司在园区投资项目，还采取厂房工程代建、企业分期回购等方式，积极推进毛竹企业"退城进园"工程，有序引导县内毛竹企业入驻产业园。依托产业园优势，资溪鼓励企业之间强强联合，号召引导园区企业组建2至3个规模大、实力强、品牌好的林业集团公司，实现企业上市经营。并且，制定《关于扶持发展木竹精深加工重点企业的实施意见》和《关于加快发展木竹加工中小企业（项目）的实施意见》，既重视大项目的落地，又鼓励中小项目的加入。资溪县利用市场调配作用，促成各类企业的分工合作、优势互补、平等竞争，实现了毛竹资源综合利用率的快速提高，带动了整个毛竹加工产业链条的可持续发展。

目前，该产业园已完成投资约8亿元，落户企业11家，初步形成以竺尚（大庄）竹业为龙头，庄驰家居、吉中竹业为重点的竹科技产业链条。其中，竺尚（大庄）竹业为竹产业园首批入驻的企业之一，拥有"带动强、高技术、高产量、高效益"的企业优势。其核心产品"户外高性能竹材料"曾获国家科技进步二等奖，已经在40多个国家1 000多个高端项目中得到应用。竺尚竹业公司年创产值2亿元，上缴税金1 000万余元。2018年8月，资溪县还成立了资溪县竹产业协会，该协会的功能在于发挥政府、市场和行业间的桥梁纽带作用，为资溪竹产业发展服务，为行业规范和产业发展奠定坚实基础。

3. 加强科研院所合作提供科技支持

传统的粗放式经营、不合理采伐导致毛竹产量低，收益小。大部分竹企业生产工艺条件趋同，成品同质化现象普遍，市场竞争力不强。因此，为振兴毛竹产业，为当地毛竹栽培户和企业提供技术支持显得至关重要。

资溪在竹产业科技园的规划建设过程中，十分注重科技、人才在推动竹木产业发展内涵和应用领域方面的巨大作用，为改变本县竹产业效益差，竞争力弱的状况。资溪县积极引进权威技术人才，加强与高校和科研院所的交流与合作，搭建企业与科研单位科技合作平台，并专门设立了教学实践基地、林木良种基地、竹文化研究所，建立了较为完备的竹业技术研究与产业经营发展体系。

2018 年，资溪县与南京林业大学、中国林科院木材研究所、江西农业大学等院校签订了相关的战略合作协议，成立国家林业和草原局重组材工程技术研究中心江西分中心、国家林业和草原局竹材工程技术研究中心大庄竹科技创新分中心，聘请中国林业科学研究院木材工业研究所首席科学家、教授于文吉担任竹产业发展和科技创新顾问。这些为资溪制订行业战略研究、产业定位、产业发展规划等提供了一个智力库。利用科研院所的人才和技术优势，资溪毛竹产业发展更加现代化、专业化。通过该科技合作平台，各企业学习了国际林业发展新理念，了解掌握国内外林业发展新趋势和市场动态，使其经营管理更具前瞻性。更为重要的是，该县可将科研院所的最新科研成果转化为实际生产力。在资溪县竹产业协会的组织协调下，毛竹经营户和企业定期或不定期地参与相关的培训、考察，学习先进的毛竹培育新技术和管理经验，培育新型毛竹产业管理人才，提升企业生产力和经营水平，推动竹产业和企业的技术升级换代。

4. 拓宽竹产业范围发挥多重效益

资溪县在毛竹原料生产和精深加工的产业链基础上，利用毛竹的文化和生态价值，大力拓展竹类旅游产品，构建竹产业科技园等"旅游＋工业"发展平台，顺势打造宣传"资溪毛竹"品牌。

资溪县设计了"住全竹屋、品全竹宴、走全竹道，倾听竹涛声、欣赏竹风光、制作竹工艺、浏览竹博园、领略竹文化"的旅游发展内容，深度利用了毛竹的多重效益。该县以 316 国道为主线，兴建若干处竹海观光旅游项目，重视竹类旅游产品开发，积极发展 2～3 处"竹乡农家乐"等形式的竹文化特色生态旅游。另外，该县大力拓展竹类周边产品，挖掘开发传统手工竹工艺品、竹笋食品，已创建竹烙画、有机笋产品（有机鲜笋、有机笋干、有机黑笋）等品牌。

2019 年，资溪举办了"江西首届森林旅游文化节"。文化节创办了森林穿越、国际森林马拉松、森林睡眠体验、森林漂流、森林旅游高峰论坛等一系列的活动，向游客展示了资溪县良好的生态环境。同时，资溪利用大众的关注以及传媒的宣传报道，提高了资溪竹产业森林品牌的知名度和美誉度，促进竹业产业的可持续发展，尤其是竹产业的转型升级和三大产业的融合发展，提高了资溪竹产品的市场竞争力。近年来，资溪旅游迎来发展黄金期，入境游客每年以 30％的速度递增。2018 年全县旅游综合收入 32 亿元；2019 年上半年，资溪旅游综合收入 16.46 亿元，同比增长 10.4％。

案例十一：江西南丰县——宜居村庄建设与森林旅游发展相融合

（一）南丰县区域概况

南丰县，现隶属江西省抚州市，位于江西省东部、抚州市南部，东邻黎川县、福建省建宁县，西依宜黄县、宁都县，南连广昌县，北接南城县。境内东西长 60 千米，南北宽 55 千米，总面积 1 920 平方千米。南丰县具有优越的地理区位，是赣南等原中央苏区、鄱阳湖生态经济区、海西经济区、生态文明先行示范区、赣闽产业合作示范区、昌抚合作示范区等发展战略叠加区，也是西部政策延伸县和国家农业发展银行对口支援县，是向莆经济带上由赣入闽的第一站和桥头堡。同时，南丰县拥有便捷的交通条件，南丰福银高速、济广高速与规划中的昌莆高速穿境而过，向莆铁路与规划中的丰瑞城际铁路贯穿全境，G1684 次高铁单向停靠，G206 国道、G322 国道纵横交叉，通用机场也已布局建造。截至 2019 年，南丰县辖 7 镇 5 乡，8 个居民委员会、175 个村民委员会，1 342 个村民小组，总人口 31.6 万人。其中，农业人口约 25 万人，占总人口的比重近 80％。

南丰是国家重点生态功能区，拥有森林面积 139 769 公顷，森林覆盖率达 77.58％。湿地资源也十分丰富。南丰县白舍镇境内设有首个丹霞地貌国家湿地公园——傩湖，距县城约 33 千米，总面积为 1 727 公顷。其生态旅游资源条件极为优越，境内有 1 个国家 4A 级景区、9 个国家 3A 级景区、5 个江西省 4A 级乡村旅游点、21 个江西省 3A 级乡村旅游点，是第一批国家全域旅游示范区创建单位，拥有"全国休闲农业和乡村旅游示范县""江西省全域旅游推进十佳县"等荣誉称号。

2018 年，南丰县实现地区生产总值达 115 亿元，同比增长 8.5%。农林牧渔业是其经济主要来源，特别是南丰蜜橘产业。南丰蜜橘具有 1 700 多年栽培史，拥有"国家地理标志产品""中国驰名商标""中国名牌农产品"和"绿色食品"等标签。南丰蜜橘品牌价值高达 51.14 亿元，位于"2018 中国果品区域公用品牌价值榜"的第七位。全县种植面积达 70 万亩，年均产量达 26 亿斤，畅销全国并远销 40 多个国家和地区，综合产值突破 120 亿元。近年来，南丰县为助力脱贫攻坚，全力实施产业扶贫行动，促进贫困人口收入稳步增长。2017 年以来，南丰县农村居民收入超过 20 000 元，农业扶贫对象人数也急剧下降（图 3-3）。

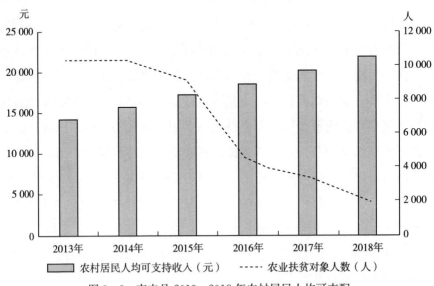

图 3-3　南丰县 2013—2018 年农村居民人均可支配
收入与农业扶贫对象人数情况

（二）南丰县林业乡村振兴的探索与成就

近年来，南丰县按照"高起点、高标准、有特色"的总体要求，着力建设生态南丰、美丽南丰，进一步优化人居环境，提升居民生态幸福指数。同时，秉承"绿水青山就是金山银山"的生态理念，不断拓宽"两山"转化通道，让绿水青山成为发展经济的新动能。南丰制定了"宜居、宜业、宜游"城市发展目标，采取"县域植绿、城区（集镇、村庄）绕绿、景区（景点）培绿"等措施，精心创建"绿色品牌"，全面实现旅游"绿色振兴"。

1. 提升森林质量奠定生态基础

生态保护是实现生态振兴乡村的前提和基础。南丰县为统筹推进山水林田湖草系统治理，实施了长时间的全域封山育林，加强湿地保护和生物多样性保护，巩固了县内森林覆盖率，为实现乡村绿色振兴奠定了优渥的生态条件。

一方面，南丰县加大了天然林、生态公益林的保护力度，全县49.65万亩公益林得到切实有力的管护，公益林活立木蓄积量平均达到4.83立方米/亩，与商品林相比蓄积量高出36.4%。另一方面，该县对乡村风景林建设和古树名木进行了重点保护，严控森林火灾，除治林业有害生物，提升森林的多样性、多彩性，促进林相改善。在林业项目建设方面，该县大力实施荒山绿化和生态恢复工程。全县完成造林面积24.5万亩，通道绿化里程达178.9千米。同时，南丰县加快推进低产低效林改造，实现"山上造林"与"身边增绿"同步发展，力争面积核实率和造林合格率达到90%以上。全县工业原料林新造及毛竹低改共18 039亩，完成投资308万元；低产低效林改造2 700亩，提高了林分质量，培育了优质丰产和高效的森林资源。

为进一步加大对生态敏感区域生态保护补偿的力度，南丰县实施《南丰县生态保护红线规划》，全县域范围内划定生态红线，以水源地保护区、生态敏感区等为重点区域，开展多项生态保护与建设工程项目，组建了近 300 人的生态护林员队伍，促进生态保护和经济发展的"双赢"。

南丰县通过建立森林资源连环监督机制，严格控制林地使用限额，加强对各林业工作站、木材检查站"智慧森林"平台的监管，实施打非治违、占用林地、野生动植物保护专项行动，维护了林区的和谐稳定和林业生态安全。

2. 建设生态示范村镇改善生态文明

南丰县积极推进生态村镇示范工程建设，紧扣"生产发展、乡风文明、生态优美、功能完善、特色鲜明"的总体要求，持续推进以盱江沿岸 5 个生态村镇示范点为重点的生态村镇示范工程建设，引领和带动全县生态文明宜居村庄建设。该县着力打造琴城、桑田、三溪 3 个森林乡镇，市山镇前村炉下、白舍镇田东村嵊头脑、桑田镇西源村石溪及向莆铁路沿线洽湾镇浆坑村官昌岭、莱溪乡九联村龙安、太源乡路头村舍坑等 39 个森林示范村庄建设，在全县范围内种植 10 万株以桂花树为主的珍贵乡土树种。

村庄绿化是南丰县美丽乡村建设的重要组成部分。南丰县采取保护型、完善型、建设型等三种形式，做好全县乡村风景林建设的编制和规划，大力开展风景林建设绿化。全县打造风景林示范点 6 个以上，并挖掘和宣传风景林的历史文化。一方面，进行乡村通道绿化，对乡镇所在地和进村主干道在原有绿化的基础上，进一步加大补植补造力度。根据政策规定，地方政府投入通道绿化的资金不得低于 10 万元。另一方面，推进新农村建设点绿化，主要以乔木和果树相结合的方式进行，突出乡土树种。全县 56 个新农村建设点已植树近 11 万株，为改善村庄环境奠定了基础。村庄景区化建设是南丰县生态文明宜居村庄建设的一大特点。该县将建房建村建景统筹结合，打造了洽湾镇、市山镇包坊村等一批森林乡镇（村庄），开展了紫霄镇上古村、太和镇司前村、市山镇石兼村省级风景林示范点建设。全县村庄景区化建设正在被培育成旅游产业和农村经济发展的新增长点。

在生态村镇示范工程建设的基础上，该县创建省级以上生态乡（镇）村 10 个，其中国家级生态乡（镇）1 个，省级生态乡（镇）6 个，省级生态村 3 个。此外，南丰县积极申报森林乡村和省级风景林示范点建设项目。根据国家林业和草原局印发的《国家林业和草原局关于公布第二批国家森林乡村名单的通知》，南丰县付坊乡梅林村、莱溪乡九联村、洽湾镇长岭村、三溪乡石邮村、桑田镇荷田岗村 5 个乡村被成功评选为国家森林乡村。

3. 积极建设乡村森林公园和湿地公园

南丰县以成功创评"省级森林城市"为契机，不断延伸绿色发展内涵，多举措推进乡村绿化，在县内建设了白舍镇中和村、付坊梅林村、洽湾石耳岗、三溪乡石邮村、桑田镇榨源组 5 处乡村森林公园，建设投入超过 110 万元。

在乡村森林公园规划方面，南丰县因地制宜，依托固有的地形地貌和古树修竹等森林资源，使公园建设布局更合理、精细。该县通过提高资金利用效率、加强生态建设力度，统筹公园建设带来的社会、经济、生态效益，特别是与乡村振兴、生态宜居、发展村级经济有效衔接，使本县居民在森林公园建设中切实享受到生态红利。此外，在科学规划合理建设公园的基础上，南丰县不断强化公园的日常管理，落实了管护责任制，不断满足人民群众对休闲娱乐的需求，提升当地居民的生活幸福感。

湿地有"地球之肾"之称，具有多种生态功能，蕴藏着丰富的自然资源。南丰县高度重视湿地保护和公园建设，依据《江西省湿地保护条例》不断完善和强化湿地保护组织机构。南丰县相继成立了江西南丰傩湖国家湿地公园管理局和琴湖、潭湖省级湿地公园管理局，并通过财政拨付予以一定的经费保障。为规范县内湿地保护与公园管理，南丰县制定并实施了《南丰县湿地公园管理办法》《南丰县湿地与环境保护村规民约》《南丰县湿地保护志愿者协会章程》等规章制度。在社会组织发展方面，全县成立湿地保护协会组织 3 个，组织湿地保护志愿者 291

人。潭湖国家湿地公园湖面面积 6 175 亩，山林面积 1.7 万亩，森林覆盖率达 98%，湿地面积 561 公顷，占土地总面积的 64.4%，是一个集休闲、度假、疗养、旅游观光为一体的综合性生态旅游景区。2017 年中央财政为江西南丰潭湖国家湿地公园项目投入资金 350 万元，使得园区植被恢复良好，生物多样性得到保护，监测和科研、科普工作得到有序开展。继 2009 年傩湖被评为全国首个丹霞地貌型国家湿地公园后，江西南丰潭湖国家湿地公园又被成功评选为国家湿地公园。随后，南丰县建设了九剧水、沧浪水和车么岭 3 个县级湿地小区。2018 年，南丰县将湿地建设与县域乡村振兴战略相结合，规划打造了莱溪青铜山和太和农业生态示范园两个省级湿地公园。2019 年，原县级湿地保护小区沧浪水流域和太和农业生态示范园规划晋升为省级湿地公园。沧浪水省级湿地公园规划面积 57.82 公顷，湿地面积 56.75 公顷；九剧水省级湿地公园规划面积 159.3 公顷，湿地面积 148.46 公顷。此外，南丰积极建立健全自然保护区和县级湿地保护小区管理机构和相关制度，推动挂牌、场所、人员配置完成和大型区牌、界牌、宣传牌等及时设立。

4. 依托生态、 乡村资源发展生态旅游业

江西南丰傩湖国家湿地公园和潭湖、琴湖省级湿地公园已成为外地旅客到"千年橘都"生态旅游的必览之地。在遵循保护性开发的前提下，南丰县对现有湿地公园的生态资源进行统筹规划，依托湿地景区带来的游客量，大力推进生态观光等第三产业。2018 年，南丰县接待游客比上年增长 10.28%，旅游综合收入比上年增长 12.09%。

在生态旅游规划发展方面，南丰首先致力于打造最美乡村旅游示范点，全面启动付坊橘温泉、观必上乐园、罗俚石蜜橘生态园、前湖庄园、橘缘山庄、小隐山庄、南湾农庄等 31 个休闲农业和乡村旅游示范点建设，加快"橘园变公园（游园）"步伐，发展振兴生态旅游业。其次打造县域美丽经济带，大力推进"身边增绿"工程。南丰连续 3 年对县境内铁路、国省道两侧可视范围内的山地进行植被恢复。2018 年，该县打造了南丰县至福建省建宁县国道"美丽经济带"，彩化、美化、

珍贵化绿化面积达 3.8 万平方米，实施了向莆铁路客运站周边 260 亩山场精品绿化及向莆铁路南丰段沿线总长 27.69 千米，面积 1 729.6 亩山场的纯林补阔、荒山造林等绿化工程；以及付坊橘温泉旅游公路全长 3 300 米精品绿化工程；打造潭湖旅游公路全长 3 188 米，绿化面积 38.4 亩的景观绿化工程，主要栽植桂花树等景观树种。

案例十二：福建沙县——深化集体林权改革助力乡村振兴

（一）沙县区域概况

沙县，全国 34 个原中央苏区县之一，现隶属福建省三明市，地处福建省西北部，介于三明市与南平市之间。沙县是闽中重要的交通枢纽，交通区位优越。鹰厦铁路、205 国道、沙溪河航运、福银高速公路（县内有 3 个互通口）、三泉高速横贯全境，建设中的向莆快速铁路贯穿全境，厦沙高速公路也已在"十一五"期间动工兴建，特别是随着向莆铁路站场、三明机场、沙溪航运码头等集中位于沙县城南片区的一系列重大交通基础设施的规划建设，沙县作为全国重要综合交通枢纽的地位正日益凸显，将成为今后沙县经济社会发展中最大的竞争优势。从对接沿海看，沙县今后与福州、泉州、厦门等福建省三大中心城市和厦门港、福州港、湄州湾等海峡西岸港口群都有高速公路（铁路）相连接，将融入省内沿海 3 小时经济圈；从连接内陆看，福银高速公路和向莆快速铁路两条交通大动脉的建设，使沙县成为湘、鄂、赣等内陆腹地至福建出海口快速通道上的重要节点，向东南可联结发展，向内陆可纵深推进、拓展腹地。全境总面积 1 815 平方千米，辖 6 镇、4 乡、2 个街道办事处和 2 个省级开发区，183 个村（居）委，总人口 27.2 万人。

沙县自古有"八山一水一分田"的描述，境内多山，森林资源丰富，是福建省"绿色宝库"，也是中国的重点林区县。沙县拥有林地面积 221.56 万亩，占土地总面积 81.38%，活立木蓄积量 117 289.4 万立方米，立竹量 4 796.87 万株，森林覆盖率达 75.63%。其中，商品林 177.35 万亩，公益林 41.5 万亩。

2019 年，全县地区生产总值完成 274.5 亿元，增长 8%；农林牧渔业总产值 48.58 亿元。城镇居民人均可支配收入 38 895 元，增长 8.8%；农村居民人均可支配收入 20 390 元，增长 9.5%；居民消费价格水平总体平稳。

（二）沙县林业乡村振兴的探索与成就

林业经济在沙县的经济发展中占据重大的比例。林区是乡村的一个组成部分，发展林业经济对助推沙县的乡村振兴战略十分重要，可谓是林业发达则乡村振兴。沙县通过因地制宜，培育林业特色产业，促进乡村兴旺富足；通过发展森林旅游、改善民风民俗，推动乡村宜居文明；通过农民自主和政府扶持，促进乡村治理有效。

1. 深化林改盘活集体经济

首先沙县不断创新林改措施，以实现"生态受保护，林农得实惠"的双赢目标。特别是在开展重点生态区位商品林赎买方面，沙县推出"我出钱，你来改"的模式。林农按照林业部门要求进行择伐并取得采伐收入，择伐后按各占 50% 的比例补种林业部门免费提供的阔叶树苗和针叶树苗。经林业局验收成活达标后，林农可享受 1 000 元/亩的补助。该模式既解决了赎买改革中的政府财力不足问题，满足了林农采伐林木的合理需求，又加快了林分结构调整，兼顾了林农权益和生态效益。

其次是在全省率先推行"四共一体"新模式，即股权共有、经营共管、资本共享、收益共盈，打通了林业资源、技术管理、融资担保、利益共享等环节，提升了生态质量，促进了林业增收，壮大了龙头企业规模，增加了村集体收入。"四共一体"模式也是针对林农和村集体财力有限，技术受限，林地培育水平效果较差等现实难题所推出的。这一模式下，林农和村集体通过股权转让的方式与国有林场合作，双方按比例承担经营成本，共享造林、森林抚育等补贴，并按比例分享经营利润，从而实现了村镇林场、林农和国有林场的双赢。截至 2019 年，已确定"四共一体"模式合作试点村 17 个，合作试点面积 27 166 亩，有合作意向推广面积 47 042 亩，合作的国有林场有沙县国有林场、沙县水南国有林场和沙县官庄国有林场。目前，沙县国有林场与 6 个乡镇林场、5 个村集体和 1 个林业大户开展合作，经营面积 1.6 万亩。

2. 多举措引入林业资金

为解决林农林业生产资金筹措困难的问题，沙县不断开发创新涉林金融产品，强化财政金融扶持，鼓励金融机构创新金融产品，建立健全绿色金融体系。并且，积极推动银行和基金参与林业合作，推动国家储备林 PPP 项目，引导投入造林绿化、森林资源保护和旅游休闲康养等产业。

其一是"福林贷"。"福林贷"指由村委牵头设立村级林业担保基金，贷款林农按一定比例上缴保证金，由林业合作社为林农提供贷款担保，林农以其同等价值的林业资产作为反担保申请贷款。贷款额度按林农出资担保基金最高 10 倍放大，最高可获得 20 万元贷款，一次授信、年限 3 年。贷款月利率由之前的 8‰ 以上降至 5.9‰，符合林业贴息政策的，实际利率只有约 4‰。目前，已经实现了全县"福林贷"业务全覆盖。截至 2019 年 9 月，"福林贷"实际放贷 12.2 亿元，惠及林户11 307 户。

其二是"金林贷"。2019 年 8 月 8 日，沙县西霞村举行林权股权证暨"金林贷"授信仪式，创新推出林业绿色金融产品"金林贷"，县农商银行"金林贷"向西霞村整村授信 3 000 万元，并向两位持有村级股份制公司林权股权证的林农发放生产经营贷款 20 万元。

其三是"一评二押三兜底"模式。为真正激活山林资源，沙县建立"一评二押三兜底"模式，完善林农信用评级、贷款融资担保、风险分散机制，积极构建绿色信贷体系，打通了"绿水青山"变为"金山银山"的有效路径。

其四是搭建林权抵押贷款平台。组建沙县森林资源收储管理公司，创新推出林权按揭贷款以及中幼林、毛竹林、林地经营权证等林权抵押贷款，并叠加保险建立风险补偿机制，构建集评估、登记、交易、贷款、收储等"五项服务"于一体的林改服务平台。全县累计发放林权抵押贷款8.83亿元，贷款余额5.62亿元。

沙县还探索成立国有控股的混合所有制林权流转经营公司，吸引社会资本进入林业，增强林业经营活力，对社会资本投资的林业项目，符合条件的可享受造林抚育、贷款贴息、森林保险保费补贴等方面的补助政策。项目规划面积为18万亩，总投资4亿元，利用国家开发银行贷款3亿元。

3. 因地制宜打造当地特色品牌

我国地理跨度大，南北气候和资源优势有很大的差别，林业的发展模式难以标准化，只有因地制宜，有的放矢，充分发挥本地优势，才有利于提高农村的整体效益。林业在沙县的经济发展中占据重大的比例。通过林业的推动发展，培育林业特色产业，"抓重点，补短板，强基础"，提高乡村发展的效益。

第一，发展林产深加工产业。沙县依托龙头企业，挖掘当地林业的优势，大力发展林产深加工业，林业产值保持年均增长14%以上，2017年产值达185.71亿元。该县具体发展松胶合板、杉扣板、竹胶板、指接板、木地板、墙壁板、家具、竹工艺品等系列加工产品；发展松油醇、苯乙醇、长叶烯、异长叶烯等特色产品，拓展延伸日用香精、化妆品香精及制造香料市场，打造林产化工产品生产基地；研发生产具有自主知识产权和良好市场前景的生物医药拳头产品，建设以天然植物为原料的沙县小吃食材大健康产业园，打造国家级生物医药产业园。

第二，推广种植珍贵树种。沙县结合沙县气候、土壤、种质资源及发展前景等实际，适地适树，套种营造混交林，并利用"四旁"等非规划林地广泛种植闽楠、半枫荷、乳源木莲等珍贵乡土树种。沙县计划将富口镇打造成"楠木小镇"，已种植闽楠3 500亩。

第三，发展林下经济。在维护生态安全的前提下，沙县将集林下种植，养殖和旅游康养融合为一体，进行立体经营，破解林木生长周期长，见效慢及公益林经营利用上存在的诸多限制，促进林业增效，林农增收。现全县林下经济经营林地总面积 39.23 万亩，其中林下发展种植 2.6 万亩，养殖 1.24 万亩，采集 32.79 万亩，森林生态景观或旅游 3 万亩。2017 年林下经济总产值达 13 亿元。沙县有全国著名的小吃品牌，按照沙县小吃配料和药膳需求，建设沙县小吃配料细叶青蒌藤（穿山龙）、铁皮石斛、黄精、五指毛桃、细叶香桂等林下经济药材种植基地，增加林农收入。

第四，立足竹业发展资源优势。沙县具有竹业发展资源优势，将竹产业列为造福农民的民心工程，加大丰产竹林培育力度，推进竹产业高质量发展。2018 年，现代竹业项目完成新开竹山机耕道 59.2 千米，占任务 100%；竹山灌溉水池 37 个，占任务 104%，蓄水 1 450 立方米，灌溉面积达 1 600 余亩。

4. 生态环保与森林旅游协调发展

沙县不断总结生态发展经验，转变砍树致富的经济发展方式，绿化美化乡村，保护林区的生态价值，打造生态宜居环境，根本改善农村农民的生活质量，满足农村的发展需求。该县积极开发观光农业、游憩休闲、健康养生、生态教育等绿色生态产品和服务，打造绿色环保的生态旅游产业链。

沙县通过发挥沙县"全国百佳深呼吸小城"品牌优势，依托绿色生态和交通区位，以马岩山庄为基地，以草本植物为主，打造森林康养体验活动项目，发展乡村生态旅游产业链，发挥林业生态保护和健康养身的优势，践行"两山"理论，实现生态保护与林农实惠的双赢局面。另外，沙县通过完善提升七峰叠翠森林公园、鼓楼坪公园、淘金山公园、畔溪公园、东溪湿地公园等建设，规划建设铁路公园，打造集绿色通道，文化长廊，景观游赏，健身休闲等为一体的公共开放空间，集观赏、休闲、科普为一体的文化活动阵地，形成"串珠公园"，实现"城在园中"，让居民共享绿色生态福利。同时，沙县重点实施乡村旅游"百镇千村"提质升级行动，建设"一镇一品、一村一景"工程，发展休闲农业和森林生态旅游，构建乡村旅游精品体系，创建一批休闲农业示范基地，推出一批中国美丽乡村，培育一批乡村生态旅游品牌，计划到2020年打造三星级以上（含三星级）乡村旅游休闲集镇40个、特色村150个、"水乡渔村"160个，乡村旅游精品线路10条。

5. 自主协同、政府推动的乡村治理

随着我国经济深入发展，城乡差距加大，为解决城乡矛盾，迫切需要解决"三农"问题；地处偏僻的农民长期处于贫困处境，有改善生活的强烈愿望。沙县采用"自主协同，政府推动"的乡村治理模式，通过政府扶持和农民自身的努力相配合来共同推动与实现乡村振兴的目标。

第一，项目补助，政府扶持。2018年，省级林下经济补助项目9个，总投资427.291万元，种植面积1 480亩，省级补助资金190万元。生态宜居补助：2018年，沙县大洛镇昌荣村、高砂镇龙江村、樟墩村3个村，被福建省绿化委员会、省林业局命名为"福建省森林村庄"，每个村补助10万元。竹业发展优势补助：2018年，现代竹业项目拨补省级补助资金210万元，直接受益的有11个乡（镇，街道）、22个村；2019年，现代竹业项目已争取省级补助资金335万元，规划开设竹山道路62.9千米，修建竹山灌溉蓄水池1 342立方米，推广竹林培育新技术2项，示范面积618亩，建立丰产示范片3 180亩。

第二，创新林业机制改革，促进乡村治理有效。沙县目前还有60多个村的村财政年收入在5万元以下，通过深化林改，推行"四共一体"模式、新园模式等，有效增加了村财政收入。比如高桥镇新桥村通过"四共一体"模式年增加村财政收入6万元以上，使这些村级组织更有执行力和战斗力，巩固党在最基层的执政根基，从而实现治理更加有效。通过深化林改，林农涉林收入从2014年的2 699元提高到2017年的4 856元，增长了79.9个百分点，让林农切实地享受到深化改革带来的福利。

案例十三：广东省始兴县——依托千年古树打造绿美古树乡村

（一）始兴县区域概况

始兴县，现隶属广东省韶关市，位于广东省北部，南岭山脉南麓，居北江上游、浈江中游地带，总面积 2 174.12 平方千米。始兴县地处亚热带，全年热量充足，雨量充沛，冷暖交替明显，春季低温阴雨，夏季高温潮湿，秋季昼暖夜凉，冬季寒冷雨稀。截至 2017 年，始兴县辖 9 个镇、1 个乡。县政府驻太平镇。截至 2019 年，始兴县户籍总人口为 26.37 万人。始兴县是多民族聚居地区，境内有汉、瑶、畲等多个民族。

2019 年，始兴县生产总值（GDP）77.5 亿元，同比增长 5.5%。其中，第一产业完成增加值 21.4 亿元，同比增长 5.4%；第二产业完成增加值 19.7 亿元，同比增长 5.9%；第三产业完成增加值 36.4 亿元，同比增长 5.3%，三次产业的比重为 27.6∶25.4∶47.0。按平均常住人口计算，人均 GDP 为 35 409 元，同比增长 4.7%。

2019 年，始兴县实现农林牧渔业总产值 34.71 亿元，同比增长 4.79%。其中农业产值 22.24 亿元，增长 5.71%；全年实现林业产值 3.23 亿元，同比增长 11.36%；牧业产值 8.03 亿元，下降 2.09%；渔业产值 0.96 亿元，增长 5.36%。林业产值增长明显，增长速度高于农牧渔业。2019 年，始兴县农作物总播种面积 32.68 万亩，比上年增加 0.3 万亩，增长 1%。其中：粮食作物播种面积 15 万亩，减少 0.02%。全年优质稻种植面积 11 619 公顷，优质率 95.5%，主要农作物良种覆盖率 95%，全县绿色食品 16 个，有机农产品 99 个。

截至 2019 年，始兴县有林地面积 243.5 万亩，占始兴县总面积的 78.8%，生态林面积 95.1 万亩，有 127 个林场，全年造林面积 2 898 公顷，森林覆盖率 77.7%，自然保护区面积 20 883 公顷。活林木蓄积量 1 445.6 万立方米，年生长量 35 万立方米，年产商品材 6 万立方米。始兴县植物资源非常丰富，仅车八岭自然保护区就发现有高等植物 1 642 种，其中珍稀树种有：观光木、伯乐树、伞花木、野茶树、金叶含笑、木莲、山桐子、野大豆、白桂木等。其中观光木被古生物学家称为"史前遗老"。现存古树 1 586 株，其中一级古树 30 株，二级古树 122 株，三级古树 1 434 株。隶属 26 科 41 属 54 种，主要为樟科、金缕梅科、山茶科、榆科和桑科等树种。

（二）始兴县林业乡村振兴的探索与成就

广东省始兴县深入贯彻落实党的十九大精神和习近平新时代中国特色社会主义思想的生动实践，积极加强生态文明建设。依托该县各地的古树群资源，结合农村人居环境整治工作，打造绿美古树乡村，为市民创造高品质的自然环境和生态绿色空间，推动乡村振兴战略的实施。

1. 保护古树名木打造宜居生态

为进一步落实古树名木管理措施，健全古树名木档案，始兴县会同上级林业部门对该县所有登记备案的古树名木严格按照调查的 GPS 坐标点逐株进行核对，进行挂牌保护，坚持做到"一树一档、一树一牌"。新挂牌上标有编号、树种、学名、树龄及二维码，通过扫描新牌增加的二维码，可以深入了解古树的详细信息，对于古树保护及传承文化具有重要意义。

同时，始兴县以挂牌保护古树为契机向群众大力宣传保护古树名木的意义，古树名木是大自然留给人类的宝贵财富，是不可再生和复制的宝贵资源，是绿色文化传承的活化石，具有极其重要的历史、文化、生态、科研价值和较高的经济价值。同时提醒广大群众要主动清除古树名木周围的杂物，为树木生长提供良好外部环境，对发现有破坏古树名木的行为，要立即制止并及时向村委会和林业部门报告。

在古树名木的保护和管理上，为全面摸清和掌握全县古树名木的资源状况，进一步落实保护管理措施，提高古树名木保护管理工作水平，始兴县深入各镇、村进行实地核实，通过拍照、GPS定位、查阅档案资料和走访村委会等方式，对全县范围内的古树名木进行调查，对树种、树龄、权属和生长形状等信息进行采集登记。为加强古树名木保护和安全防范工作，有效遏止古树名木病虫害的发生及扩散蔓延，消除安全隐患，始兴县积极开展古树名木病虫危害及安全隐患情况排查工作，保护古树名木健康生长。

2. 创建生态文明示范提升生态环境

历年来，始兴县坚持生态立县，生态环境不断改善，生态基础不断夯实，荣获众多"国字号"荣誉，2000年始兴被评为"全国林业生态建设先进县"，2001年被列为"全国生态示范区建设试点地区"，2005年被省政府授予"林业生态县"称号，2006年被命名为"国家级生态示范区"，成为广东省首个获此荣誉的山区县。2009年始兴县荣获全国五十佳"中国最美小城"称号。2010年荣获"中国优秀生态旅游县"和"中国绿色名县"称号，被省政府确定为全省3个"南岭山地森林生态及生物多样性功能区生态发展试点县"之一，2013年被评为全广东省农村环境连片整治示范县。2014年，被评为"中国最具魅力自驾目的地"。2017年被评为"全国森林旅游示范县"，被授予"中国（始兴）石斛之乡""广东省县级文明城市"称号，2018年始兴被列为全省首个森林城市创建试点县，"全国集体林业综合改革试验区"，荣获全省县域生态环境质量考核第一名。

始兴县委、县政府高度重视生态文明建设，努力践行"绿水青山就是金山银山"的发展理念，多措并举，创建成效硕果累累，生态文明建设取得明显成效。始兴县把生态示范创建作为载体，不断推进生态建设与保护工作。截至目前，全县10个乡镇成功创建国家级生态乡镇8个，省级生态示范乡镇9个，市级森林生态示范乡镇8个，省级生态村园8个，省市级生态示范村59个，省级名镇1个，名村4个，全面优化农村人居环境建设。全县共清理整治破旧泥砖房98 406间276.38万平方米，深入推进农村饮用水安全和"厕所、垃圾、污水革命"，积极倡导生态文明生活方式，打造了马市镇大安坪村、太平镇水南村、顿岗镇选陂村等一大批生态文明示范村。2019 年，始兴县空气质量优良天数比例达 98.89%；林草覆盖率达 79.35%，城区绿化覆盖率达 49%；村镇饮用水达标率 100%，全县城镇污水处理率达 100%，城镇生活垃圾无害化处理率达 100%，生态经济发展绿意盎然。生态环境质量指标全部达标，全县生态示范创建工作走在全省山区县的前列。

始兴县 2019 年规划建设绿美古树乡村 2 个。其中，位于始兴县深渡水瑶族乡坪田村米槠王（当地叫米椎王）树龄高达 1000 年（胸围 8.8 米，树高 30 米，冠幅 39 米，树形奇特，长势旺盛），是至今为止岭南地区发现的最古老的米椎树，被誉为"岭南第一大椎""全国最美树王"等，另有十多株胸径 50 厘米以上的古树群落环绕其间，被视为儿孙满堂。太平镇水南村有挂牌保护的古樟树 10 多株，樟树王树龄高达 600 年，参天的古树、茂盛的枝叶，让身临其境的人感到心旷神怡。为了改善人居环境，始兴县将坪田村、水南村作为绿美古树乡村来打造，安排专项资金建设古树公园，对公园护栏、游道等一系列基础设施进行升级改造，实施路旁、水旁、宅旁和村旁绿化，提升乡村景观品质，建成以古树资源、乡村文化为基础的，集古树资源保护和观光、乡村体验、科普宣教和绿色家园为一体的宜居、宜游、宜业的生态美丽乡村。

3. 立足绿水青山激活旅游活力

"坚持人与自然和谐共生""必须树立和践行绿水青山就是金山银山的理念""像对待生命一样对待生态环境"，党的十九大报告中，生态文明建设摆在重要的战略位置。依托丰富的旅游资源，始兴县近几年把旅游业作为战略性产业来培育，坚持用"旅游＋"的思维谋划和推进旅游产业发展，发挥规划的引领作用，构建起"景区为骨架、特色小镇及示范线和美丽乡村为支撑"的全域旅游框架体系。

2017 年在上海举办的中国森林旅游节上，始兴这座森林覆盖率达 77.3% 的粤北千年古县荣获"全国森林旅游示范县"称号。始兴县继全国森林资源、林政管理示范点和国家林业综合发展示范县等一系列荣誉之后，再添一块"国字号"招牌。绿水青山就是金山银山。近年来，生态文明建设受到前所未有的重视，绿色发展和绿色生活成为大势所趋。始兴县目前正立足"绿水青山"的生态优势和"物种宝库"的资源禀赋，全面推进绿色发展战略、激发全域旅游活力，"美丽经济"遍地开花，"绿水青山"正在变成"金山银山"。

在始兴与江西赣州全南交界地带，横亘着一片莽莽崇山，总面积1.6万公顷的车八岭国家级自然保护区就位居期间。作为广东省最大的自然保护区之一，车八岭动植物资源非常丰富，素有"物种宝库，南岭明珠"之称，相关专家认为这里很可能是野生华南虎"最后栖息地"。2007年9月经联合国教科文组织批准加入"世界生物圈保护区"网络。车八岭生物圈保护区总面积为16 110.7公顷。区内山体古老，地形复杂，生态环境优越，蕴藏着丰富的生物资源，被国内外专家教授誉为"物种宝库，南岭明珠""北回归线荒漠带上的绿洲"。除了车八岭，始兴县目前已开发的森林旅游景区还有南山省级自然保护区、刘张家山省级森林公园、丹凤山森林公园等10处，正在规划建设的森林旅游景区包括将军栋、龙斗輋、南石岩、阿公岩、北山奇心洞等10多处。

始兴县建立观光旅游吃住玩一体的休闲基地，罗围村结合"客家大围"在其附近的4 000多亩的林地中种植了近2 000亩的沙田柚和多种观赏性的树木花草，建立花园式的住房、餐饮，是一个较好的农业观光旅游基地；在车八岭种植石斛，在都亨桃源村利用乡村美化的项目建立一个桃花谷，在林下发展灵芝、蜂蜜、香菇等林下经济，这些都成为人们旅游观光的亮点。得益于得天独厚的森林生态资源优势，始兴旅游总收入和旅游人数也逐年攀升。全县星级饭店5家，星级饭店客房353间，全年接待旅游人数488人次，比上年增长14%，旅游总收入31亿元，比上年增长14%。

4. 加强景区建设促进长足发展

根据韶关市委、市政府打造"广东绿色生态第一市"的精神，结合始兴县打造旅游城市的实际，始兴县在造林绿化规划建设中合理调整树种结构，大力开展植树造景，积极建设旅游景观林，大力打造"一路一树一景观"和"一村一品一花"美化示范点，全面掀起乡村景观建设活动。一是加强道路的绿化景观建设。在高速公路、韶赣铁路两旁20米的可视范围内建设景观林带。种植树种有：枫树、桂花、王槐、杜英、木荷、小叶榕、大叶榕、冬表、杨梅等有花有果及常绿和赏叶的树种，绿化美化了交通道路环境。二是建设"一路一树一景观"。在进入铜钟寨景区的公路两边、沈江公路种植艳丽的红枫，在马市到顿岗公路这条线种植具有本地特色的青枫，在花山到城南公路两边种植通植美观的落羽杉。三是规划"一村一景"。在沈所石下村整村种植桂花，在水口村屋背岭在马市镇主要街市中心种植有特色的樟树。四是力争每年建设3个森林公园，每个乡镇至少有1处森林公园。利用地形地貌配上合理的造林绿化，2017年还将建设一个湿地公园。五是打造有乡土特色的乡村美化绿化示范点。每年重点建设3~4个乡村美化示范点，2020年以点带面将完成14个村美化项目。六是将林下经济建设成为新的经济增长点。

始兴县近年来大力发展森林旅游景区建设，通过加强组织领导，加强规划管理、宣传和部门合作，增大政策扶持力度和财政投入，积极完善基础建设和各项旅游服务设施，促进森林旅游开发，逐步建成集休闲度假、体验、运动、养生、科普教育于一体的旅游胜地。围绕山水特色，厚植生态优势，始兴县近年来切实加强生态环境保护，划定林业生态红线，积极推广使用绿色能源和清洁生产，加强对饮用水源地、墨江河、浈江河保护和整治，落实最严格水资源管理制度。

5. 发展特色现代农业推进美丽乡村建设

依托优越的生态环境，当地还大力发展独具特色的现代农业，将生态优势转化为经济优势。始兴县目前拥有优质蔬菜、优质烤烟及杂交水稻制种、优质生态水果、优质蚕桑、生态循环养殖等五大特色园区，获"中国杨梅之乡""中国枇杷之乡"和"中国石斛之乡"美誉。

生态优势正逐渐转化为建设"生态始兴"的绿色动力，始兴绿色崛起的步伐不断加大、加快。在工业发展方面，始兴县坚持"绿色招商"理念，主动对接珠三角的产业链条和消费市场，培育绿色发展新引擎，产业转移园被列入省循环改造试点园区，一批环保产业的兴起，为始兴又好又快发展提供绿色动力。与此同时，始兴县"美丽乡村"建设也在稳步推进。当地近年来投入 2 000 多万元，在韶关全市率先推行城乡生活垃圾收运处置市场化运作；全面完成 470 千米新农村公路硬化、村村通自来水等工程，全面推进人居环境综合整治建设美丽乡村，预计 2020 年底全县自然村整治率达到 60％以上，29 个省定贫困村打造美丽乡村，到 2020 年年底完成所有自然村整治工作。

案例十四：云南龙陵县——退耕还林发展绿色经济

（一）龙陵县区域概况

龙陵县，现隶属云南省保山市，位于云南省西部，分别与施甸、永德、镇康、缅甸、潞西、梁河、腾冲、隆阳相接壤，县域东西最大距离64 千米，南北最大跨度 78 千米，总面积 2 884 平方千米。龙陵县交通便利，区位优越，是古"西南丝绸之路"的重镇，是面向南亚、东南亚的陆路交通枢纽。保龙、龙瑞、保腾高速公路和 320 国道、219 国道在此交汇集结，大瑞铁路、中缅油气输送管道穿境而过，瑞孟高速公路蓝图已经绘就；保山机场、腾冲机场、芒市机场均在 1 小时交通圈内，陆地和空中立体交通网络已全面形成，姐告、畹町、猴桥、南伞等口岸相距较近，交通区位优势明显，是云南对外开放的前沿阵地。形成了以县城为中心，国道、省道和经济干线为骨架，辐射龙陵县 10 个乡镇、121个行政村的公路交通网络。截至 2018 年，全县辖区 5 个镇、5 个乡（其中 1 个民族乡）、46 个农村社区、70 个村委会。龙陵县户籍总人口304 662 人，其中农业人口 259 649 人，占总人口的 85.22％。县内居住着汉、傈僳、彝、傣、阿昌等 23 个民族，有少数民族人口 1.9 万人，占总人口的 6.36％。

龙陵属滇西横断山脉南延的高黎贡山山系，被怒江和龙川江所环抱，山高谷深、沟壑纵横，98％是山地，县内最高海拔 3 001.6 米，最低海拔 535 米，全县林地总面积 334.73 万亩，有林地面积 283.4 万亩，森林覆盖率达 70.08％。县内立体气候明显，年均气温 15 摄氏度，年均降雨量 2 112.6 毫米，有"滇西雨屏"之称。辖区内生物资源极其丰富，有野生动物 468 种、野生植物 2 492 种。盛产云南松、杉木、滇楸、椿木、楠木、木莲等优质木材，境内的小黑山省级自然保护区，分布着世界上最大的珍稀濒危植物桫椤（树蕨）群。

2012 年起，龙陵成为国家扶贫开发工作重点县，全县共有 80 个贫困村、贫困人口 15 748 户 64 458 人，其中未脱贫退出 39 户 154 人，贫困发生率 0.064％。2019 年，全县实现生产总值 108.46 亿元，增长 10.2％；实现城乡常住居民人均可支配收入 30 480 元、11 756 元，分别增长 8.4％、10.6％。

（二）龙陵县林业乡村振兴的探索与成就

近年来，龙陵县牢固树立和践行"绿水青山就是金山银山"理念，落实"退得下、还得上、稳得住、能致富"和"大力推进国土绿化"总要求，践行"绿山富民"的发展方式，巧妙地将退耕还林政策与扶贫政策有机结合，在兴林中富民，在富民中兴林，以绿色发展引领乡村振兴，用绿色助推脱贫攻坚。

1. 提供生态补偿推动退耕还林

龙陵县积极响应国家"退得下、还得上、稳得住、能致富"的号召，牢树"绿水青山就是金山银山"理念，落实"大力推进国土绿化"总要求，以生态修复和促农增收为突破口，以绿色发展引领乡村振兴，用绿色助推脱贫攻坚，走出一条"不砍树也能致富"的生态经济兼容发展新路，让山区林农真正获益。生态补偿是促进"保护生态环境"与"推动脱贫致富"目标有机统一，实现乡村地区可持续发展的重要途径之一。

自 2002 年以来，龙陵县共实施退耕还林还草工程面积 38.74 万亩，全县森林覆盖率已由 1978 年的 26.9% 提高到现在的 70.08%，至此，全县退耕还林项目工程已在龙陵乃至保山版图上涂上一抹抹浓浓的"中国绿"。2019 年，全县累计向林农发放退耕还林还草补助资金 2.48 亿元，惠及全县 10 个乡镇 1 万多户 6 万多人，其中向建档立卡贫困户兑付退耕还林补助资金 2 058 万元，惠及建档立卡贫困户 2 234 户 9 665人。2019 年全县实现林业总产值 10.13 亿元。退耕还林工程把荒山变金山、活树变活钱，既保护了生态又富裕了乡村，持续向贫困山区群众释放着生态红利。

2. 带动还林地发展特色林业产业

为更好地推进退耕还林还草工程高质量发展，龙陵县积极推动退耕造林模式由"蚂蚁造林"向"集中连片造林"转型，经营模式由单一的"木头经济"向林下多种经营转型。通过一"退"一"还"，有力促进了农村产业结构调整和改变了林农的生产经营方式。目前全县大部分退耕群众已从耕地的"繁忙"中"解脱"出来，就近就地转行转业，经营起运输、林产品加工厂、林下种植、餐饮等行业。全县一批以"退＋林果""退＋林药""退＋养殖"等为代表的生态经济兼容的长效林产业已初具雏形，该县农民的收入水平和生活水平不断提高。

以勐糯镇为例，勐糯镇 2005 年启动实施退耕还林项目，到目前全镇共实施退耕还林 5 151 亩，其中核桃 912 亩、芒果 1 239 亩、澳洲坚果 3 000 亩，并起到较好的示范带头作用。退耕还林项目以发展芒果等特色林果为主，目前已带动全镇 6 个村发展经济林 2 万多亩，2019 年仅澳洲坚果和芒果两项产业就实现产值 360 万元左右。勐糯镇沟心寨村某村民反映，2016 年以来，自家 5.4 亩退耕地都种上了芒果，2018 年挂果销售了 1 500 多元，3 年领到补助资金 6 400 元。

3. 储备乡村人才推广林业科技

乡村振兴，人才是关键。近年来，龙陵县坚持创新乡村人才工作体制机制，通过"挖掘一批、培养一批、吸引一批、下派一批、储备一批"五个一批，注入"人才活水"，为乡村振兴提供源源不断的人才动力。

龙陵县首先积极组织建设"乡土人才库"，通过在乡镇"横向到边、纵向到底"全方位摸排，共发掘电子商务、畜牧养殖、民间文艺、装饰装修、传统工艺、自主经营、科技种植等"实用型"乡土人才 6 000 余人，为乡村振兴就地取"才"。并且依托农业技术培训、农民网课、农家书屋、科技普及、万名党员进党校、劳动力转移就业培训等各级各类培训载体和平台，组织群众参加信息技术、实用技能、科学养殖、作物种植、林业管护、美食厨艺、民间工艺等培训。自脱贫攻坚工作开展以来，全县共培训 10 余万人次，培训做到有培训意愿群众和建档立卡贫困户两个 100% 覆盖。其次，鼓励在外大学生、退役军人、知识农民工返乡创业，以及通过"筑巢引凤"引进龙头企业，为他们提供创业发展平台，坚持从投资融资、信息共享、技术扶持、项目合作、政策倾斜等方面给予大力支持，让有志青年积极投身乡村振兴。按照中央和省、市委部署，高标准严要求组织好贫困村驻村扶贫工作队下派工作，结合村（社区）实际，聚焦非贫困村、软弱涣散村和集体经济薄弱村实际，从县直单位、乡镇干部中精选优秀的、合适的机关工作人员到村担任第一书记或党总支书记，"聚才引智"助力乡村振兴。此外，成立并依托青年人才党支部，将村级后备力量、农村优秀青年人才纳入乡镇党委直接培养管理。利用云南开放大学学历提升行动计划、"云岭先锋"App、"学习强国"App、微信微博、外出培训、实学实训等方式培养农村新型实用人才，提升农村干部群众能力素质和学历水平。

在人才培育的基础上，龙陵县依托县农广校、乡镇农业综合服务中心，以乡、村农技校为阵地，集中授课与进村入户、实地操作相结合的方式，将实用生产技术培训班办到田间地头、农家小院，采取与农民面对面讲解的方式，宣传推广农业新品种、新技术、新农药、新肥料等，为农民送上农业"科技大餐"。截至 2019 年上半年，全县已举办种养加工业实用技术培训班 350 余场次，培训农民 3.4 万多人次。

4. 四大工程助力乡村建设

龙陵县林业局以开展环保世纪行主题活动为契机，围绕"珍惜自然资源、转变发展方式、倡导低碳生活、建设美丽乡村"的工作思路，结合自身实际，重点实施好绿化荒山行动、水源林区保护、农村节能减排、绿色生态走廊等四大工程助力美丽乡村建设。

在绿化荒山行动工程方面，林业局以绿化荒山行动为重点任务，积极推进绿色屏障、绿色城市、绿色村镇、绿色通道等四绿工程建设，着力破解新农村建设周边生态脆弱区绿化荒山进展缓慢、影响农村生态建设的问题，为加快美丽乡村建设加助力。在县委县政府牵头、林业部门具体落实的情况下，龙陵县组织 96 家县直单位到镇安镇橄榄坪义务植树 13 400 余株，促进新农村建设。2019 年林业部门共投入资金 146.1 万元，完成乡村绿化面积 1.68 万亩。其中投入资金 14.6 万元绿化庭院面积 0.17 万亩（植树 10.4 万株），投入资金 131.5 万元进行四旁绿化面积 1.51 万亩（植树 93.9 万株）。另外，积极推进 10 个示范村、20 个快进村、50 个进步村的绿化荒山行动建设。2020 年已在"两江四路"沿岸沿边、荒山荒坡、城镇面山等重点区域实施生态恢复治理造林 7.3 万亩，乡村绿化率已达 40%。

在水源林区保护工程实施方面，林业局把实施水源林区保护工程与美丽乡村建设相融合，将绿化重点放在县城及乡镇周边、村寨水源保护区、怒江与龙川江流域的新农村建设区域，按照因地制宜、适地适树的原则，依托义务植树、夏季造林、封山育林等项目，严格落实水源林区保护工程的计划、种苗、地块、树种、管护、责任和项目，为加快美丽乡村建设添推力。2020 年共完成义务植树 56 万株、夏季造林 4.8 万亩、封山育林 2 万亩。目前，全县有林地面积和活立木蓄积量分别达 305 万亩和 1 295.9 万立方米，森林覆盖率和林木绿化率分别达 67.85% 和 71%，有水源涵养林点（区）和饮水重点保护林点（区）1 600 多个。全县现有的 300 万亩森林如同"天然绿色水库"，其蓄水能力相当于 30 个投资千万元的 200 万立方米水库。

在农村节能减排工程推进方面，近年来，林业部门坚持把发展农村沼气建设工作作为改善新农村能源结构的一项重要举措来抓，着力推进"沼气池＋节能灶＋太阳能"农村节能减排元素工程，大力减少农村能源消耗，降低污染物排放，为加快美丽乡村建设助动力。目前，全县共整合林业、扶贫、农业等涉农部门各类项目资金 2 000 多万元，新建沼气池 139 680 口、节能灶 51 500 盘、太阳能 1 600 台，全县 19 万多户农户用上了节能环保灶具。如以沼气池为例来算账：一口沼气池每年可节省砍柴工 20 个，节省 2 排烧柴，等于少砍 2 亩天然林；沼液沼渣用来施肥，能节省肥料钱 400 多元。通过实施农村节能减排工程，昔日农村"脏、乱、差"的景象得到明显改善，大部分农村妇女告别烟熏火燎的恶劣环境，从灶台旁解放出来，腾出更多的时间来参与美丽乡村建设。

在绿色生态走廊工程建设方面，林业局结合县委新提出的"一圈一带一片"和"五线一考虑"新农村建设发展新思路，把绿色生态走廊工程着力点放在全县新农村建设发展的新思路上，为加快美丽乡村建设增马力。如把贯穿腊勐、碧寨、勐糯等乡镇的红勐公路作为"百里绿色走廊带"来打造，采取"一乡（镇）绿化一段、一乡（镇）管理一段"的方式，将绿化任务分解落实到年度、到地段、到地块。全县以怒江沿岸、公路两侧、沿江坡地一侧作为重点绿化区域，根据适地适树的原则，在公路两侧主要种植柚木、凤凰树、攀枝花树等树种，在沿江坡地上主要种植糯橄榄、铁刀木、泡核桃等树种，在怒江沿岸大力发展水源涵养林、水土保持林、江河护岸林等低碳生态林，充分发挥森林蓄水保土、调节气候、改善环境的作用。3 年来，勐糯镇在红勐公路沿线和怒江沿岸种植乡土树种 72 万株；碧寨乡种植经济林木 128 万株，实施封山育林 2.09 万亩，并积极打造怒江面山 2 个"百里生态经济走廊带"；腊勐乡累计在怒江沿岸种植柚木、铁刀木、澳洲坚果等 56.69 万株。林业、交通两部门联合在龙陵至邦腊掌至龙山镇香柏河等路段沿线建绿色长廊。250 名党员干部共种植旱冬瓜树 15 000 株、常春藤 18 000 株。通过实施绿色生态走廊工程，龙陵县加快了"美丽龙陵"和"美丽乡村"建设步伐。

案例十五：贵州省古胜村——荒山治理兼顾生态与经济

（一）古胜村区域概况

古胜村，隶属贵州省毕节市黔西县，地处黔西县的东部，与省城贵阳距离 78 千米，距县城黔西 42 千米。古胜村以山地为主，海拔较高，最低海拔 760 米，最高海拔 1 250 米，拥有我国西部地区最独特的喀斯特岩溶地貌。

全村土地面积为 6.9 平方千米，其中耕地面积 1 068.3 亩，绝大多数为旱地，水田仅有 512 亩；林地面积 6 765 亩，其中超过 1/3 为退耕还林地。该村的经济产业主要为种植业、经果林以及餐饮、服务业。当前，古胜村管辖 15 个村民组，490 户，人口总计 2 045 人，主要为汉族、苗族、彝族、布依族。

该村一直坚持"生态强村、经果稳村、畜牧兴村、依法治村、民主管村"的发展理念。2018 年，全村植被覆盖率高达 89.68%，人均可支配收入超过 10 000 元。

（二）古胜村林业乡村振兴的探索与成就

贵州的古胜村以山地为主，海拔高地势陡，且气候湿润多雨。加之，中华人民共和国成立以来，村庄人口快速增长，但人均耕地不足，诱使人们大片毁林开荒，使得古胜村成为石漠化重灾区。石漠化带来的一系列生态环境问题以及自然灾害，再度加剧了当地村民的贫困状况，古胜村的人口、资源、环境和生态发展陷入一个恶性循环，曾被列为国家一类贫困村，甚至被联合国相关组织认定为"不适宜人类居住的地区"。

十几年来，为了治理石漠化，同时实现乡村振兴，维持村庄的生态与经济协调发展，古胜村一直坚持"高海拔自然恢复、中海拔退耕还林、低海拔种经果林"的乡村发展路径，实施生态修复与农业结构调整相结合的植树造林工程，获得了显著的成效。

1. 坚持以生态恢复建设为首要任务

古胜村属于典型的喀斯特岩溶山区，海拔高度 800 米至 1 400 米，近 2 000 人的村人口却仅拥有 1 068 亩耕地，其中水田面积不到 5%。昔日，为了获得粮食满足温饱，村民将所有有泥土的地方都开垦成粮食地。由于地形陡，土壤贫瘠，加上石漠化带来的各种自然灾害，村民仍是看天吃饭，而且收成越来越少。石漠化带来的严重生态问题引起了国家的重视，古胜村被纳入了退耕还林工程的实施范围。2006 年，毕节试验区专家顾问组以"喀斯特岩溶山区循环农业试验"为课题，将古胜村定为国家星火计划项目试验示范点。

想让村民将手中原本就稀有的种粮地换成林地，需要他们的理解与支持。起初，由于村民缺乏生态意识和长远的目光，退耕还林未能顺利开展，退耕树苗无人认领。村委经过研究讨论，工程实施的第一个障碍是村民落后的思想意识，于是决定先从群众的思想工作做起，挨家挨户地向他们讲解植树造林的长远意义和参与退耕造林的相关补助政策。同时，村干部和党员发挥先锋模范作用，带头参与退耕还林，领取树苗上山种树。在村委的努力下，大部分村民放下了抵抗情绪，自愿加入了退耕队伍。退耕还林第一年，古胜村完成退耕还林 3 332 亩，而且实现石漠化治理 710 亩。

苗木栽种后，如何使其存活生长成林是稳固退耕还林成果的关键。古胜村专门成立了一个生态文明建设保护委员会，并聘请生态文明建设义务监督员，将山林的管护落实到户、到人。而且，村规民约等非正式制度对山林管护的作用也得到了充分发挥。古胜村的村规民约要求村民必须保护自家种植树苗，不得擅自处置林木；党员还必须起带头作用，为果树苗地进行除草。截至 2019 年，古胜村拥有 7 000 亩柏树和 2 000 亩松树，并且未发生过任何一起盗伐林木案件或火灾事故。

经过十几年的退耕还林，古胜村的植被覆盖率从不到 12% 提升到 89.68%，石漠化治理 710 亩，生态林自然恢复 3 400 亩。古胜村荒漠化治理效果明显，自然灾害发生频率和危害程度不断下降，显著改善了生态环境和农业生产条件。

2. 因地制宜改种经果林助村民增收

退耕还林，恢复了生态环境，但也不能不关注经济发展。根据国家退耕还林政策和古胜村的客观生产条件，毕节试验区专家顾问组提出了"高海拔自然恢复、中海拔退耕还林、低海拔种经果林"的石漠化修复方案，将经果林作为古胜村绿色经济的发展对象，平衡协调了生态保护与经济发展的矛盾。

尽管毕节试验区专家顾问组无偿为村民提供果树苗木，但是经果林种植项目的开展并不顺利。由于一直以种粮为主要生计来源，古胜村村民对果树创收存在质疑，不愿意承担风险。在村委的不懈宣传动员下，村民才改变了观念，开始在山脚土质较好的土地上种上了果树苗。

想要果树产生好的经济收益，需要一定的专业性和技术性。根据专家顾问组的建议，果树栽种前三年需要将果子打落，不挂果，以促进果树的生长，提高后期果树的收成质量。为了解决前三年的收入问题，专家顾问组为村民提供了甜糯玉米，指导他们间种在果林里，以短养长。此外，为了提高林木的栽培技术，古胜村聘请了省外林业专家进村展开种植专题培训，培养组建了一支懂技术、会管理、责任心强的农民讲师团专门负责村内经果林种植、嫁接、剪枝、病虫害防治等实用技术的推广普及。

至今，古胜村已有 3 100 亩经果林，成为村民的"绿色银行"。樱桃、杨梅、枇杷、核桃、李子等经果林种植已经成为古胜村村民最牢靠的经济收入来源和支柱性产业。

3. 依托人文资源大力发展乡村旅游

发展乡村旅游是近几年来全国各地促进乡村振兴的一项重要实践。古胜村自退耕还林以来，生态环境大大改善，从山荒水恶一转成为景色优美、生态宜居的富裕村落。在地理位置上，古胜村具有很大的距离优势，与省城贵阳仅相距 78 千米，与县城黔西仅相距 42 千米。更重要的是，古胜村拥有丰富的旅游资源，历史文化十分深厚。古胜村地处气势恢宏的六广河西岸的大山里，此地曾是古水西的边关要塞。明朝时期大思想家王阳明曾在此写下著名的《象祠记》和《六广晓发》。与王阳明诗赋中描绘的一样，古胜村坐揽了月亮山、凤回头、阳明古渡、古胜城、五显台、九眼照沙洲以及奢香古驿道等人文自然资源。同时，精品水果基地在果林挂果成熟的季节，集山水观光与水果采摘体验等于一体的游乐项目对周边城市的游客具有很大的吸引力。

古胜村依托素朴镇，以王阳明《象祠记》创作故地为噱头打造文化旅游精品小镇，以秀丽的峡谷风光为基础积极打造生态旅游村。优越的乡村旅游发展条件，为古胜村吸引了不少的投资者和游客。六广河驿滨酒店是古胜村境内投资最大的一家旅游酒店，投资资金 600 余万元，日接待能力达到 100 人以上。据酒店负责人估计，通过发展乡村旅游，酒店的年均收入可达 60 万元，成规模、上档次的餐饮店有"青龙岛"和"古胜城山庄"两家。该村餐饮店以六广河为依托，通过味美、健康、绿色的六广河鲢鱼吸引游客，月接待游人数均以万计。古胜村乡村旅游的开发给餐饮服务、畜禽养殖、果蔬种植等产业的快速发展带来了新的机遇，很多农户实现了年增收两万元以上。

为保持旅游吸引力，古胜村十分注重加强文化遗迹保护和文化内涵的挖掘。龙场九驿过境段及五显台等文化遗迹均被列入"十三五"恢复重建规划。为加大非物质文化遗产——古胜花灯的传承保护力度，村委积极组织古胜花灯在每年春节等传统节日期间到修文等地参加花灯比赛，获取不同程度的奖项，以激发村民对古胜花灯的传承动力。

案例十六：四川甘孜州——特色林产业 规模化专业化发展

（一）甘孜州区域概况

甘孜藏族自治州，简称甘孜州，现隶属四川省，位于四川省西部，康藏高原东南，东连四川阿坝和雅安，南与四川凉山、云南迪庆交界，西隔金沙江与西藏昌都相望，北与四川阿坝、青海玉树和果洛相邻。2018 年年底，川藏铁路成都雅安铁路开通运营，标志着川藏铁路的建设取得了第一步的成效；境内有川藏铁路、折多山隧道、国道 215 线、泸石高速、两康（康定、马尔康）高速、甘孜格萨尔机场等。全州境内南北长约 663 千米，东西宽约 490 千米，总面积 15.3 万平方千米，辖康定 1 个县级市、17 个县，325 个乡（镇），2 679 个行政村。2019 年全州户籍人口 109.7 万人。其中，乡村人口 90.93 万人。甘孜藏族自治州境内有彝族、藏族、羌族、苗族、回族、蒙古族、土家族、傈僳族、满族、瑶族、侗族、纳西族、布依族、白族、壮族、傣族等 25 个民族。其中，藏族占 78.4%。各族群众以大范围聚居小范围杂居形式分布于全州。

甘孜藏族自治州境内地形属四川盆地和云贵高原之间的过渡地带，林果资源丰富。水果、干果及其他经济林木均有广泛分布和栽培，有苹果、石榴、板栗等果树 20 余种，花椒、茶、油桐、杜仲等经济林木 10 余种，还有沙棘、海棠、野葡萄、山核桃等野生作物。

2019 年全州地区生产总值（GDP）达到 388.46 亿元，增长 6.5%。其中，2019 年农林牧渔业实现总产值 100.36 亿元，增长 4.1%。其中，农业产值 32.66 亿元，增长 5.8%；林业产值 5.57 亿元，增长 3.1%；牧业产值 60.80 亿元，增长 2.9%；渔业产值 0.03 亿元，增长 3.9%；农林牧渔服务业产值 1.31 亿元，增长 9.8%。

（二）甘孜州林业乡村振兴的探索与成就

四川甘孜州林业局以大渡河流域康定、泸定、丹巴3县（市）13个乡（镇）39个村为建设区域，全力推动林业特色林果基地、林业品牌创建，加快特色林业产业发展，助力甘孜州乡村振兴战略示范区建设。

1. 大力培育规模经营主体

为推动规模化、集约化生产，甘孜大力培育林业种植大户、家庭农场经营者、林业专业合作社带头人、林业龙头企业负责人等。甘孜州全州培育并发展了九龙祥瑞种植公司、双富花椒油厂及泸定雪森美好等花椒加工营销企业3家，九龙县双富花椒油加工专业合作社1家，培育发展了九龙、泸定花椒油等特色林产品。其中，九龙县双富花椒油加工专业合作社注册资金243万元，主要从事种植花椒和加工花椒油、销售及土特产品的加工、销售。甘孜州辖管的泸定县通过和雪森美好食品有限公司合作，在泸定县冷碛镇投资1 800万元建设核桃花椒加工工厂10 000平方米，设计年产"雪森"花椒油1 000吨，实际年生产加工花椒油300吨，主导产品为"双富花椒油"。

2. 建立林特产业基地

甘孜州着力打造产业基地，积极争取、统筹国家和省级支持林特产业基地建设的补助资金，为林特产业奠定发展基础。甘孜州康定、泸定、丹巴、九龙等花椒主要栽培区根据"因地制宜、适地适树"原则，通过争取实施现代林业重点县项目建设、特色生态林业产业建设项目、省州级财政林业产业项目建设等林业产业重点项目建设，大力发展高标准优质特色花椒产业基地。截至2017年，全州花椒基地24.56万亩，其中挂果面积10.4万亩，花椒产量1 001.9吨，花椒年产值达1.1亿元。

2017年始，甘孜州坚持以"成片成带成规模，出量出品出效益"为指引，重点集中连片发展核桃、花椒基地和低效园改造基地，充分利用区位优势大力发展核桃、花椒等特色干果产业，助推脱贫致富，在康定、泸定、丹巴、九龙、道孚、炉霍、雅江、理塘、巴塘、乡城、稻城、得荣12个县（市）65个贫困村中建成2.12万亩林业产业扶贫基地，带动3 503户贫困户17 040人发展后续产业。

2018年，甘孜实施林业产业基地扩面增量行动，全年完成特色林业产业基地建设9.35万亩，新建基地6.35万亩，改建基地3万亩。其中，新建核桃基地0.6万亩，新建花椒基地3.3万亩，新建沙棘、枸杞、光核桃、山杏等特色产业基地2.45万亩；改建核桃基地2万亩，改建花椒基地1万亩。截至2018年年底，全州累计建成林业特色产业基地101.7万亩（其中核桃54.9万亩、花椒27.7万亩、其他19.1万亩）。

2019年，甘孜全力推进建设脱贫攻坚百千米绿色生态农林牧产业带，在大渡河、雅砻江、金沙江三大流域的康定市、泸定县、丹巴县、九龙县、道孚县、炉霍县、石渠县、巴塘县、理塘县、稻城县、得荣县等11个县（市）完成林业特色产业基地建设4.64万亩。其中，新建花椒基地2.79万亩，改建核桃基地0.15万亩，新建光核桃基地0.9万亩，新建山杏基地0.2万亩，新建沙棘0.5万亩，新建野生枸杞0.1万亩。

3. 成立林业专业合作社

甘孜在大力推进林业乡村振兴的过程中，着力培育农民林业专业合作社，促进其快速、有序、高效发展，有效提高了林业建设的组织化程度，拓展了农民增收致富的途径。甘孜积极引导农民成立经合组织和专业合作社，大力推动土地流转，鼓励农户走集约化经营和产品加工发展道路，建立产、供、销一条龙营销体系。同时，将示范创建作为加快林业合作社发展、促进林业规模高效经营的有效途径。甘孜还致力实现示范合作社创建与林下经济项目的实施有机结合，由示范社承担林下经济项目，创建综合示范点。

色达是长江上游重要水源涵养地和生态屏障，是"中华水塔"的重要组成部分，同时也是一个生态脆弱的地方，全县生态环境面临着挑战。牢固树立"绿水青山就是金山银山"的理念，加大力实施天然林保护、退耕还林、退牧还草、水土流失等生态工程项目的同时，色达县积极成立林业专业合作社，并以探索建立与现代化林业发展相适应的生产关系为主线，以增加贫困群众收入为核心，通过林业合作社承接林业产业项目，创新贫困户利益联结与激励机制，促使扶贫与扶智、扶志相结合，激发群众内生动力，探索"造血式"扶贫。此外，色达通过林业专业合作社有效带动林农加强林业知识学习培训、提升林业生产专业技能、强化生态建设保护意识，奠定承接生态产业项目建设的坚实基础。

4. 提供林业产业技术支持

为提高林农林业生产技术水平，带动特色林业产业现代化、专业化发展，甘孜州林业局以推广技术成果、解决技术问题、提升技术能力为重点，开展林业科技"三大行动"促进林业产业振兴，推动林业产业更高质、更高效发展。

甘孜州大力开展科技帮扶行动，组织林业专家、技术人员和当地"土"专家，根据林农的科技需求，开展技术咨询和示范服务。甘孜通过科技成果和技术转换提升科技帮扶活动成效显著，加快科技直接转化为生产力，确保产业振兴成效和质量。

其次，甘孜州积极开展技术培训行动。通过组织百名林业专家、千名林业科技人员开展联合培训州内万名林业能人的林业"百千万"科技服务专题，培训林业"土"专家（技术能人）1 200 名。编印实用技术手册、树种管理年历和制作技术光盘，通过送科技下乡赶场等便民服务方式发放各种林业技术资料 18 万册（份）。通过"送科技下乡"和"支部共建共创"等活动，加强与林业科研机构合作，邀请专家深入基层村组开展技术指导，提升"科技兴农"水平。该州还编制了《百种乡土木本草本花卉栽培技术指南》，同时成立了由 23 名技术骨干组成的林业科技服务队，先后 9 次到示范区打造点位开展品种选育、挖穴整地、栽植抚育等栽种各环节技术服务，累计培训林农 370 人（次）。为有效解决核桃秋冬季管理技术问题，助力林农增收助推脱贫奔小康，甘孜州林科所结合中央财政林业科技推广项目《泸定县核桃丰产栽培管理技术示范推广》，组成专家咨询科技小分队，在泸定县开展林业实用技术培训，助力大渡河流域乡村振兴。

此外，甘孜州着力开展科技推广示范行动。以科技项目为载体，分区域打造林业新技术、新品种、新成果、新标准、新模式科技示范点，带动贫困地区广大群众选择科技增效的林业发展道路。甘孜通过科技推广示范行动，累计推广新成果、新技术、新模式 19 项，形成 9 个可推广、能示范的科技推广示范样板；建设林业科技示范村 19 个、林业科技示范点 38 个，培育林业科技示范户 190 户，建成科技示范基地面积1.9 万亩。

5. 推进林业品牌创建

甘孜大力支持各类经营主体开展林特产品"三品一标"认证，支持申报创建国家、省、州级名牌产品和知名商标。甘孜州是全省花椒栽培种植的主要区域之一。多年来，州委州政府一直将花椒作为特色优势产业进行发展，取得明显成效。2017 年，全州花椒产业基地面积达 27.74 万亩，年产量 208 万千克，年总产值 2.08 亿元，人均从花椒产业中获得收入 1 530 元。花椒产业逐渐成为甘孜州部分地区农村经济新的增长点和助农增收、脱贫攻坚的突破口，为农民增收致富作出了积极贡献。甘孜州花椒产业虽具有一定规模，但与高质量发展的要求相比还有一定距离，存在基地经营粗放、加工转化不够、知名品牌较少、保障支撑不够等一系列问题。甘孜州花椒品种包括以九龙县为主的大红袍、伞状油椒、团状油椒、高脚黄等特有的品种。通过品牌创建推广，九龙县拥有"中国花椒之乡"的称号，九龙"乃渠花椒"产品获得首届"圣洁甘孜"十大类知名产品称号。

核桃作为甘孜州泸定县的一大林业特色产品。该县环境保护和林业局林业技术推广站着力申报"泸定核桃"地标认证，并于 2017 年 3 月经国家工商总局审核通过，获地理标志证明商标 29 类许可。为加大

"泸定核桃"宣传力度提升品牌形象，2018 年该局特设计制作了"圣洁甘孜泸定核桃"包装盒 17 000 个，于核桃上市季节分发到该县杵坭乡、兴隆镇、得妥镇、德威乡、冷碛镇、加郡乡等县内核桃主产区以及核桃专业合作社，并告知核桃盒包装的使用统一严格按照"圣洁甘孜"品牌要求，精选优质核桃进行装箱销售。该局又安排人员到城区市场进行走访调研，特选取部分优质商户登记造册，让商户主动到该局按需领取核桃包装盒，同时告知使用目的和使用要求。核桃包装盒的发放，增强了核桃种植户和核桃销售商户的品牌意识和商户积极性，为之后核桃销售提升了附加值，让商户更加深刻地认识到提升核桃宣传效果和品牌效果是拓宽果品高质量销售的重要渠道。

案例十七：四川省青神县——乡村振兴显露"竹"迹

（一）青神县区域概况

青神县，现隶属四川省眉山市，地处西南地区成都平原的西南部，北接东坡区，南邻乐山，西望峨眉，地理条件较为优越。全县县域面积386.8 平方千米。其中，耕地面积 9 360 公顷，且土地肥沃，中性土质居多，碱性、酸性兼备，十分适宜种植业发展；森林面积 14 622 公顷，森林覆盖率达 44.02%。2017 年，全县管辖 7 个镇、3 个乡、76 个行政村、13 个社区。2017 年年末，县内拥有户籍总户数 7.08 万户，户籍总人口 19.41 万人。其中，城镇人口 4.74 万人；乡村人口 14.67 万人。该县的主要民族有汉族、彝族、回族、苗族和藏族等。

青神县地貌以县城为中心，呈盆地状，有明显的坝丘之分。东部以龙泉山脉为主体，山岭连绵起伏，称为"东山"；西部以眉山向斜南东翼延伸部分为主体，丘陵逶迤相续，称为"西山"。"两山"隔江环峙，形成盆周。中部为岷江冲积平坝，地势平坦开阔。县内治青城镇就坐落于平坝中心。县内江河纵横、溪流交错，有"一江五河三十二溪流"

之称。

青神县以第一代蜀王蚕丛故里而闻名,被誉为"南方丝绸之路""岷江古航道小峨眉""苏轼第二故乡""中国椪柑之乡""中国竹编艺术之乡"。

(二)青神县林业乡村振兴的探索与成就

竹子富有多种价值,对推动竹产区的乡村振兴具有无限的潜能。四川省青神县是我国重要的竹产区之一。近年来,青神县大力推进竹编产业园区建设,通过延长产业链、提升价值链、完善利益链的"三步策略"不断加强巩固竹产业的优势地位,推动竹产业高质量发展,着力建设全国竹产业经济强县。一方面,青神借助竹产业的经济效益带动乡村居民脱贫致富,实现生活富裕。目前,该县已经形成万亩竹基地、竹编工艺制品、竹纤维纸品、竹制品、竹文化旅游等全产业链条。另一方面,随着竹产业的发展,竹林蔚然成风,形成了一道亮丽的风景线,实现了美丽乡村生态宜居建设。

1. "抓二带一促三"延长产业链

为推动竹产业的高质量、可持续发展,青神确立了"抓二产强支撑,带一产强基地,促三产强旅游"发展思路,推进"六次产业"业态融合。

龙头企业在竹产业中具有不可替代的模范引领作用,壮大龙头企业,便是壮大竹产业。青神依托高校借智、专业研发、企业创新三大工程,引进专业科研技术人才,建立竹产业孵化园。竹产业孵化园内培育孵化、入驻了128家从事竹制品加工、贸易、服务的企业。在竹子加工业方面,青神主要致力于竹编产业和竹纸浆产业的探索与发展。

青神是四川省林业产业的重点扶持县,竹编是四川省五大特色农业产业之一。为推动竹编产业的快速发展,青神建立了以富华木业、中簧竹业、银海竹艺、蜀竹竹木制品有限公司、云华竹旅等为主的5个竹编原料机械化加工基地,并且引导企业开展自主研发。其中,云华竹旅通过坤包系列产品的研发成果成功进军欧洲市场。同时，青神充分利用互联网＋先进的商务模式，鼓励企业发展竹编电商。青神通过竹制品电子商务运营中心建设，提供了近 5 000 人次的电商人员培训。全县现有竹制品网店 200 多家，网上销售额近 1 亿元。

青神重点培育竹产业创新型企业——环龙新材料。该企业依托全县及县域周边丰富的竹资源，以生物质竹纤维精炼技术，大力打造"斑布"品牌，实现年产值 10 亿元。目前，"斑布"原浆生活用纸系列已深受国内市场欢迎，全国市场占有率近 30％。2018 年"斑布"百亿健康产业园区建设项目正式启动，园区占地面积达 1 200 亩，将成为全国最大的竹本色纤维材料生产基地，可实现年产值 50 亿元。

竹产业发展的基础是竹材培育与种植。近年来，青神大力实施"年万亩栽竹"计划，采用公司＋合作社＋基地＋农户模式，实现了 19 万亩的县内主基地建设，并且辐射带动周边市县建成竹基地 200 万亩。同时，青神十分重视竹种植技术的研究改良、优质新品种的引进和培育，建造了一个拥有 300 多个品种的竹博园。竹基地建设，不仅为青神带来良好的生态环境，还为竹产业的发展提供了强有力的原材料供应保障。

"园区变景区"，发展以"竹"为核心的文化体验、康养休闲、生态旅游是青神延长竹产业链，挖掘竹产业价值的另一举措。青神依托丰富的竹资源，全方位发展竹文化旅游，打造竹楼、观竹景、赏竹艺、品竹宴一条龙服务的旅游项目，全面满足游客"吃、住、行、游、购、娱"的需求。

将"园区变景区"的首要任务是景点的打造。青神县在园区内建造竹博馆、竹艺中心、熊猫馆等特色场馆，配套观光环线等基础设施建设。依托瑞峰镇尖山万亩竹海建成的中国首家竹林湿地公园，每年可实现旅游收入 5.5 亿元。利用竹林湿地公园的优美环境、竹产业创业创新孵化园的竹文化优势，青神县在竹林湿地公园以东、竹产业创业创新孵化园以南开工打造了充满乡间风情且集商务会议、休闲住宿功能为一体的竹产业项目——竹林院子。为吸引游客消费，带动景区经济，以各类采摘体验、景色观赏为主题的生态农家乐也顺势发展壮大。截至 2017

年，县内已有农家乐101家，全县实现旅游收入32亿元。农家乐的发展，为县内居民创造了可观的经济收入。

2. "文化创意农业"提升价值链

青神竹编，是青神县的一大特产，是中国国家地理标志产品。竹编传统在青神具有重要的地区文化价值。为振兴乡村传统文化，激发乡村经济新动力，青神县大力推进竹编文化创意研发，构建"竹＋×""竹＋品牌"等多元化发展体系。青神竹编已发展成为集艺术性、观赏性和实用性于一体的平面竹编、立体竹编、竹编套绘三大类3 000余种产品体系。

为提升竹编品牌的价值，青神着重培育竹编大师，以提高青神竹编品牌的影响力与号召力。一方面，青神拥有国际竹编工艺美术大师1名，国家级省级竹编工艺美术大师5名，高级工艺美术师109名。另一方面，青神竹编创建国家级非物质文化遗产，先后被授予"国际竹编之都""竹编艺术传承国际范例奖"等国际国内荣誉称号与奖项40余项，跻身全国区域品牌（地理标志产品）百强榜。

竹编技艺的传承与发展需要当地村民的共同参与。青神打造了众创空间、竹福竹艺、云华竹旅等6个培训生产基地，组织返乡农民工、青年农民、居家妇女等参加"竹编千人培训"。至今，"竹编千人培训"已连续实施了6年，累计培训竹编产业工人10 000余人次。并且，青神实施了竹编新型职业农民培育工程，已培育初级职称人员78名；依托成都艺术职业学院开设竹编艺术专业，培养高素质、高学历、专业性技术人才。为营造良好的竹编技艺传承氛围，青神县的中小学也将竹编纳入教学课程，通过专门的教材和教师对四至八年级的学生开设竹编课，增强当地青少年对竹编技艺的认知和兴趣。

创新是传统竹编技艺可持续发展、提升价值链的动力源泉。青神县与成都艺术职业学院联合组建青神竹编艺术研发中心，借助高校资源和专家智库，针对性地根据国际国内市场需求开展竹编创意研发。研发中心建成以来，每年研发新产品近100件，竹艺专利授权41件，版权登记212件。在产品创新上，青神竹编开创出"平面竹编""立体竹编"

"竹编家具""瓷胎竹编"四大系列，创新出了 2 000 多个竹编新产品。在项目建设上，青神开发出"竹＋黄金""竹＋瓷胎""竹＋皮革""竹＋文化旅游"等系列产品项目，促成了多个国内、国际合作项目。竹福竹艺与国金黄金签订战略合作框架协议；青神竹编与景德镇瓷器协会草拟了战略合作协议；状元竹艺与竹意国际正在进行产品的第二次打样；竹编产业园区管委会与吉林欧陆置业有限公司草拟了《竹艺小镇项目投资合作框架协议》实现青神竹编与知名品牌跨界合作。

3. "竹艺产业联盟"完善利益链

青神县积极构建"竹艺产业联盟"，以分工协作为前提，以规模经营为依托，以利益联结为纽带，让更多农户合理分享全产业链增值收益。

一是以云华竹旅＋竹编协会＋竹编农户的发展模式，探索建设竹编产业化联合体。根据市场需求，竹编龙头企业每年推出 20～30 个竹编新品种，以"订单编织"上连市场，下挂农户，可以实现农户居家灵活就业。2018 年，全县竹编从业人数从 1 000 人增长到 15 000 万人，"竹编工厂"延伸到千家万户。

二是加大投入打造国际会节活动，提供联盟交流合作平台。2018 年，青神举办了"2018 国际（眉山）竹产业交易博览会"，成为首届世界竹藤大会的重要组成部分。博览会上汇聚了 40 多个国家和地区嘉宾 800 余人，参展商 367 家（其中国际参展商 73 家），采购商 429 家；接待客商 6.7 万人次，成交额 5 266 万元，意向成交额 1.8 亿元。在该会上，青神县与国际竹藤中心将全面开展合作，与安吉、永安竹产业发展联盟开展战略合作，共同打造竹产业发展"金三角"。

三是抓住"一带一路"发展时机，推动青神竹编的国际化发展。2017 年，青神竹编协会会员单位参与创建了"一带一路竹艺文化发展联盟"，进一步深化与"一带一路"沿线国家的经济合作伙伴关系。该联盟包括了东南亚 10 多个国家，青神云华竹旅公司担任联盟"盟主"。此外，青神县依托川南农村社区学院，先后承办竹编培训班 500 多期，培训国内外竹编人才2.5万人次。

4. 举办多样化宣传活动提升品牌影响

为加大品牌宣传力度，提升青神竹品牌形象，青神县不断创办、参加多样化的旅游、经贸、会展活动。

2019年1月21日至2月20日，青神县在成都宽窄巷子开展了"成都以南·竹乡青神——宽窄巷子青神推介月"活动。活动期间，该县先后围绕平面竹编、立体竹编、青神腌腊制品、青神椪柑、瓷胎竹编5个主题进行推介，不但展示销售了平面竹编、瓷胎竹编、竹编工艺品、竹制家具、青神椪柑、汉阳花生、青神腌腊制品等100种特色文旅产品，还现场由竹编大师、竹编技师演示竹编工艺编织，让游客近距离感受精湛的竹编技艺，驻足体味青神竹乡竹韵。

2019上半年，该县积极参加或组织知名竹产业设计师走进青神、第125届中国进出口商品交易会、2019国际（青神）竹产品创意设计大赛、2019中国北京世界园艺博览会等一系列活动，提升竹制品的生活化程度，将竹编传统非遗技艺与现代创新设计思维有机融合，带动乡村经济振兴发展，扩展国内国际市场。

青神县高标准举办2018国际（眉山）竹产业交易博览会，积极参加米兰国际设计周、广交会、西博会等国内外重要会节活动，签约金额1.1亿元。青神竹编作为四川唯一特色产品亮相首届中国国际进口博览会，竹编产业园区荣获"全国竹子技术培训基地""国际竹藤组织竹产品展览基地"称号。

案例十八：重庆市江津区——"花椒之乡"的振兴之路

（一）江津区区域概况

江津区，现隶属重庆市，位于重庆市西南部，东邻巴南区、綦江区，南接贵州省习水县，西接永川区、四川省合江县，北靠璧山区、九龙坡区、大渡口区，是长江上游航运枢纽和物资集散地。江津之名源于其处于长江要津的地理位置。江津区全域面积 3 200.44 平方千米，管辖 5 个街道、25 个镇。2018 年年末全区户籍人口 149.3 万人。其中，城镇人口 72.2 万人；乡村人口 77.0 万人。

江津地势由南向北长江河谷逐级降低，地形南高北低，北部和中部以丘陵、低山为主，南部紧靠贵州以山区为主。北部华盖山等系华莹山支脉，南部四面山区系云贵高原过渡到四川盆地的梯形地带。全区最高海拔 1 709.4 米，主城区平均海拔 209.7 米。同时，该区河流众多，主要有长江、綦江河、笋溪河、塘河、璧南河、临江河等。

2009 年 8 月，重庆市（江津）现代农业园区启动建设，占地面积 120 平方千米。建成后，园区有 77 家农业企业和 280 家各类新型经营主体入驻，形成了 5 万亩粮油、晚熟柑橘、蔬菜、花椒、特色养殖（畜禽、水产）等富硒产业基地和 1 万亩花卉苗木基地，培育富硒品牌 20 余个，并且发展了一批观光休闲农业基地。2018 年，江津区农林牧渔业总产值 131.0 亿元，比上年增长 8.8%。

（二）江津区林业乡村振兴的探索与成就

重庆市江津区具有悠久的花椒种植历史，其花椒产业以规模大、品质优、单产高、链条长、带动强、效益好、科技高而享誉全国，是著名的"中国花椒之乡"。江津花椒获得了国家原产地认证，是国家地理标志产品。其下辖的先锋镇更是因为最早选育出"九叶青"这种优质的青花椒品种，且最早实现规模化、现代化种植与管理，而成为全国的青花椒源头地。

花椒产业是江津实施乡村振兴战略和农村精准脱贫的支柱产业。2018 年，江津花椒种植规模达 50 万亩，投产规模 36 万亩，种植区域覆盖了 28 个镇街 205 个村（社区），涉及椒农 61 万人。在规模化、长链条化的产业特点下，该年江津实现鲜椒总产 27 万吨，销售收入达 32.7 亿元，椒农人均收入 5 300 元；加工保鲜花椒 5 万吨，生产鲜花椒油 1 000 吨，加工产值超过 5 亿元。

1. 退耕还林助推规模化发展

江津地形多山、平地少、坡度陡、土层薄，不利于种粮业发展，但适合种植根系较浅的青花椒。花椒作为经济林，不仅能够缓解水土流失、提高植被覆盖率，还具有非常可观的经济价值。以九叶青花椒品种为例，在花椒盛产期的亩均产值一般在 2 000 元以上，管理得当的亩均产值可超过 6 000 元。

花椒树苗从入土到可收成，需要先经历一个较长的纯投入零收入阶段。因此，如何让农民在收入不减少的基础上，将坡耕地、撂荒地退耕整合，增植补植花椒树，是实现地区花椒规模化种植的一个关键课题。江津区利用退耕还林的机遇，将原本经济产出低、生态高破坏的坡耕地和撂荒地利用起来，鼓励农民种植花椒树，规模化发展花椒产业。一方面，退耕还林工程向退耕者提供了一定的生活和粮食补助，为退耕初期收入不足的农民提供了强有力的基本保障。退耕还林补助政策大大地提高了农民参与退耕还林的积极性。另一方面，江津通过退耕还林工程向造林农民提供免费的花椒苗木，直接降低了农民的种植成本。

江津区的退耕还林工程分为两个阶段，实施至今近 20 年，花椒成为该区退耕造林最主要的树种。据统计，江津区 2002—2006 年第一轮退耕还林面积为 25.51 万亩，其中花椒造林面积 13.5 万亩，占 52.9%；2015—2018 年第二轮退耕还林面积为 10 万亩，其中花椒造林面积 4.2 万亩，占 42%；并且累计获得国家财政投入 4.74 亿元。在两轮退耕还林中，花椒种植面积累计占了退耕造林地的 49.86%。

在退耕还林的机遇中，江津花椒种植逐步从分散零星化向规模化、集约化转变，实现了全区 50 万亩的花椒种植规模。

2. 延长产业链条提升经济效益

提高农林产品经济价值的有效方式是延长产业链，挖掘产品附加价值。江津通过政府引导农户、重点培育大户、"公司＋基地＋农户"的多种发展模式，建设了花椒基地，打造了从育苗、初加工、深加工、品牌建设到销售的完整产业链条。江津花椒产业发展真正实现了从投入造林到经营管理各个环节的规模效应，提高了产业的价值创造力。

在花椒产品的加工环节，江津提出了"扶持龙头企业，就是扶持农业，就是扶持农民"的发展思路，以龙头企业为重点扶持对象，对其花椒加工和产品研发给予了政策、信息、项目和资金等各个方面的支持。一方面是提升花椒加工水平，鼓励支持花椒加工主体使用清洁能源和先进的加工设备，规范其生产加工的卫生标准。根据规定，保鲜花椒的生产加工必须严格遵循《保鲜花椒食品安全地方标准》（DBS 50/003—2014）、《定量包装商品计量监督管理办法》；而干花椒产品必须严格符合《花椒质量等级》（LY/T 1652—2005）标准，规范摊、晒、烤、整理和打包五个核心制作步骤。为保证花椒产品的干度和纯度达标，江津大力推广振动分离技术在花椒加工生产中的应用。

在花椒新产品研发方面，江津先后研发出了保鲜花椒、微囊花椒粉、鲜花椒油、花椒籽油、花椒精、花椒芳香精油、花椒麻精、花椒调味液等 20 多个产品，有效延长了花椒产业链。除了现有的初加工产品研发，江津投入了大量的研发资金，依托科研院校（所）、富硒产业教授工作站等机构，开拓花椒产品应用的新领域，由传统食品向保健、医药、化工等领域科学拓展。同时，鼓励花椒生产企业等挖掘开发新的市场需求，打造以花椒为原料的中高档食品、优质日化品、医药化工品、优质工业用品等新产品，促进科研成果的转化，提高江津花椒的市场占有率和市场价值。

在品牌创建方面，江津以现有的江津花椒品牌影响力为基础，利用"中国长寿之乡""中国生态硒城""中国富硒美食之乡"等地理标志，依托全区农产品"1＋8＋N"区域公用品牌体系建设，创建推广"一江津彩"富硒花椒品牌。通过品牌知名度的影响力，江津花椒产业吸引了多元化的投资主体，获得了显著的经济效益，营造了良好的产业环境，建立了坚实的核心竞争力。

在交易市场建设方面，江津以区内花椒核心生产地先锋镇为中心，在杨家店建立了全国最大的花椒交易市场，年交易量超过 15 亿元；在双福农产品交易市场建立了花椒交易中心，成为西南市场的龙头。同时，充分利用"互联网＋"的信息技术，着力建设线上线下相结合的营销网络，依托线下市场发展电子商务，拓展线上营销渠道。此外，江津还大力鼓励花椒企业发展出口业务，开拓国际市场。

随着花椒产业的不断壮大，江津进一步提出了三产融合的发展计划，比如开展花椒林下养殖，利用花椒枝干生产活性炭，开发花椒特色餐饮，挖掘江津花椒文化等，拓展建造集花椒产品研发、生产、加工、销售、文化、旅游为一体的产业链条。"花椒"对江津而言不单单是一种调味食材，还是一个满载经济效益、富有经济活力的支柱产业。

3. 重视科技投入引领产业兴旺

首先，江津在花椒产业发展中，十分重视科技的投入，将科技作为花椒产业的重要助推力。科技投入体现在花椒品种的选育上。江津的花椒品种选育具有悠久的历史。自 1976 年起，林业科技人员便对本地的竹叶花椒品种进行培育。经过连续几代的株选、穗选和提纯复壮，品质优良的九叶青花椒于 1992 年成功问世，并且在 2004 年被认定为"重庆市林木良种"，2005 年被认定为"国家林木良种"。农林科技人员又继续对九叶青花椒进行培育改良，通过从九叶青花椒实生苗中选择变异单株进行矮化单系复选、品种比较试验、区域适应性试验，成功培育了高产新品种早熟九叶青花椒，且于 2016 年被认定为重庆市林木良种。

其次，对九叶青花椒丰产栽培技术投入了大量的研究。2000—2004 年，江津林业局通过选用良种壮苗、合理密植、及时整形、肥水管理和病虫害防治等丰产栽培技术措施，实现了"一年定植、二年结果、三年丰产"目标，成功缩短了花椒投产期，提高亩产量 40％，椒树寿命延长 10 年以上。九叶青花椒丰产栽培技术的研究成果一直以来都备受认可和嘉奖。2004 年 7 月，九叶青花椒丰产栽培技术通过重庆市林业局鉴定；2005 年，获重庆市林业科技贡献特等奖；2013 年，"九叶青花椒产业化开发关键技术研发应用"获重庆市科技进步二等奖。

再次，江津编制了国家林业行业标准《九叶青花椒丰产栽培技术规程》（LY/T 2042－2012），对我国九叶青花椒育苗、造林、抚育管理、果实采收等42项技术提出了详细的标准要求。该标准对推动国内九叶青花椒标准化、产业化生产具有十分重要的指导意义。

最后，江津切实开展了花椒先进技术的示范推广工作。通过公司＋农民合作社＋农户的模式，推广应用主枝回缩、压枝压条、摘心等丰产栽培管理新技术，建立了1.2万亩花椒示范基地，打造全国绿色花椒示范区。利用培训会、院坝会、田间学校等，邀请专家、骨干技术人员开展现场教学，对全区椒农进行花椒科学管理新技术及种植过程中科学使用农药、化肥、激素等的培训和普及，培训椒农35万人次，培养了一批花椒专业新型职业农民。

4. 发挥政府产业扶持和保障作用

首先，江津花椒产业的发展壮大，离不开江津政府部门的大力引导和支持。为了确保花椒在种植、加工、销售、研发等环节有规划、有监管，江津区专门建立了花椒产业组织管理机构，落实安排专职工作人员负责花椒产业的相关管理工作。同时，区政府陆续出台了《促进花椒产业特色高效发展的意见》《加快花椒产业发展的意见》《加强花椒质量监管的意见》等规范性文件，为花椒产业的发展提供了有利的政策环境。

其次是拓宽资金投入渠道，助推花椒产业的培育和壮大。一方面，优化整合项目资金，将退耕还林、生态林建设、造林绿化、扶贫后扶、三峡移民后扶、农发资金、科技经费等专项资金统筹用于开展花椒产业技术培训、产业发展、基地建设、宣传销售、新产品研发等。另一方面，通过招商引资、股份合作等方式，引入工商资本；促进银企合作，加大金融信贷部门的支农力度，解决花椒经营主体贷款难、担保难、抵押难的问题。

最后是利用政府的宣传号召力，多形式、多渠道、多角度、全方位为江津花椒进行推广宣传。通过网络、新闻媒体和国内外各种贸易洽谈会、农产品交易会等媒介和平台，展示、推广江津花椒；积极举办江津花椒贸洽会、花椒节和花椒高峰论坛，扩大江津花椒的知名度，开拓国内外花椒消费市场。

案例十九：辽宁省国有林场——深化国有林场改革

（一）辽宁省国有林场概况

辽宁省拥有国有林场 193 个，涉及林地面积 1 225 万亩，占全省林地总面积的 11.4%，林木蓄积量达 5 335 万立方米，占全省的 17.4%。这些国有林场大多分布在江河源头、河流两岸、水库周围、风沙前线、沿海沿边等重点生态区域，基本与全省主要的生态重点地区和生态脆弱地区相重叠，是至关重要的国土生态安全屏障。辽宁省的国有林场大多成立于 20 世纪五六十年代，一直实行的是事业单位企业化管理的制度设计，林场经费自收自支，以木材采伐为经济收入来源。起初，国有林场年均采伐木材 40 万立方米，采伐面积达 5 万亩。据统计，2015 年全省国有林场采伐木材收入占总收入 50% 以上的达 106 个，占林场总数的 55%。

大规模的木材采伐对地区生态保护造成不利影响，过多消耗了林分质量好的天然森林资源。随着天然林保护工程的启动，国有林场大部分林地因其重要的生态保障地位被纳入其中，可伐林地所剩无几。加之，林场社会保障压力巨大，每年全省国有林场需上缴各项保费 1.5 亿元，截至林场改革前累计拖欠各类保费 3.5 亿元。单一的伐木经济使得国有林场入不敷出，出现了巨大的经济危机，运行艰难。由于国有林场基本实行岗位工资，林场职工实际收入低于当地平均工资水平，月平均工资仅 1 980 元，最低的只有 500 元，生活水平低下，生活保障缺失。长期以来，国有林场功能定位不清、管理体制不顺、经营机制不活、支持政策不健全，使得林场可持续发展面临严峻挑战。

国有林场想要摆脱困境，恢复发展，体制改革迫在眉睫。2015 年辽宁省制定了《辽宁省国有林场改革实施方案》，全面推动了国有林场改革，为国有林区振兴发展，共享生态建设效益带来了曙光。

（二）辽宁省国有林场林业乡村振兴的探索与成就

自国有林场改革工作启动以来，辽宁省国有林区的生态、经济和社会发展得到了全面振兴，其可持续发展之路越走越远。2017年上半年，辽宁省国有林场改革已经取得阶段性成果，14个市55个县（市、区）的183个国有林场全部完成主体改革，明确了国有林场的公益属性，科学核定了编制，实现了社保全覆盖，解决了林场遗留债务、人员富余、发展资金短缺等问题。根据辽宁省国有林场改革总体目标，到2020年，国有林场将实现生态功能显著提升，森林面积增加50万亩，森林蓄积量增长300万立方米；生产生活条件明显改善，职工基本生活有保障；管理体制全面创新，林场数量减少10%以上，在职职工人数减少20%，实现资源增长、生态良好、林业增效、职工增收、社会和谐稳定。

1. 转变性质明确功能定位

辽宁省国有林场改革首先改的是林场功能的定位，由过去为国家经济建设提供木材产品，真正转变为保护培育森林资源、维护国家生态安全，承担公益服务职责。

在《辽宁省国有林场中长期规划（2018—2027年）》中，辽宁省国有林场未来发展的五个方向和标准分别是，生态资源型、标准示范型、信息智慧型、公共服务型和特色产业型。生态资源型国有林场指的是，以森林培育及保护为主要内容，高质量完成森林抚育、更新和改造，高标准提升森林健康水平、碳汇能力和生态承载力，实现森林质量明显提高、生态功能显著增强、多功能效益充分发挥。标准示范型国有林场指的是，以加强综合服务设施、给排水、供电供暖、道路和环境卫生等基础设施建设为主要内容，强化技术装备为主要抓手，实现国有林场生产生活条件全面改善，林场技术装备现代化水平达到一流的资源节约型和环境友好型林场。信息智能型国有林场则为，以信息化建设为导向，移动互联网、3S和物联网技术为支撑，强化网络和网站群建设，提高林

154

场网上办公、资源信息化管理、旅游综合服务、林业灾害监测预警水平。而公共服务型国有林场要求，在充分发挥国有林场现有示范、推广作用的基础上，大力开拓科技创新与文化创意活动。最后，特色产业型国有林场需要以生态建设为主，融合地域特色、产业特色、人文特色、科教特色、森林经营等内容全面拓展国有林场的多功能性，创新森林生态项目。其中，生态资源型和标准示范型林场是生态修复和建设的基础，信息智慧型、公共服务型和特色产业型林场是提供生态服务的平台。

根据林场新的功能定位，辽宁国有林场明确了其公益属性，其管理方式按从事公益事业服务的事业单位进行。改革前，被改革的 183 个国有林场中，全额拨款事业单位仅 4 个，差额拨款事业单位 51 个，自收自支事业单位 125 个，企业 3 个。改革后，这 183 个国有林场全部被认定为公益型事业单位，其人员与机构经费全部纳入同级财政预算之中。其中，156 个国有林场被划分为公益一类事业单位，占比达 85.2%。而对于国有林场所从事的经营活动，坚持事企分开，采取市场化运作。对商品林采伐、林业特色产业和森林旅游等暂不能分开的经营活动严格实行"收支两条线"管理原则。

国有林场体制机制的改革，使林场在发挥生态功能、提供生态服务、维护生态安全、满足人民生态需求等方面的作用和成效更加显著。

2. 清产核资解决历史问题

国有林场想迎来新的发展阶段，必须先清算资产，解决历史遗留问题，才能轻松上阵。为此，辽宁省各个待改革林场纷纷开始清产核资，编制改革方案。根据辽宁省的要求，清产核资应做到"六清一统一"，即清资源、清资产、清人员、清社保、清债权债务、清各类合同，一切支出统一签批入账。在清资过程中，国有林场在资金上的历史遗留问题迅速暴露。由于林场以往的收入来源结构过于单一，伐木经济发展受限，全省国有林场拖欠各类保费 3.5 亿元。在清资后，全省一次性批量补足国有林场拖欠的社会保险费。此外，辽宁省实验林场在 20 世纪 90 年代创办的 4 家经营性企业，由于经营不善，先后拖欠了银行贷款本息合计 9 754 万元。经辽宁省林业厅与银行的多次协商后，以 160 万元的回购金额化解了该笔债务，而非金融债务问题则由林场经营性收入逐年偿还解决。

3. 定编设岗保障职工生计

在解决林场职工生计问题上，辽宁省发布了《关于国有林场岗位设置管理的指导意见》，要求国有林场改革过程中，要结合省情，科学合理核定事业编制，用于聘用管理人员、专业技术人员和骨干林业技能人员，其人员经费纳入同级政府财政预算。事实上，国有林场的职工数量众多，人员编制数量不足。为保障原有职工的就业和生活水平不下降，辽宁省规定按照"内部消化为主，多渠道解决就业"和"以人为本，确保稳定"的原则，不采取强制性买断方式，不搞一次性下岗分流。通过购买服务、林业特色产业、转岗就业等措施妥善安置国有林场富余职工，确保工作有保障，不下岗不待业，逐步过渡到退休进入社保。同时，采用5年内人员只退不进政策，自然减退人员。本轮改革中，全省参与核定编制的在职职工 11 688 人，改革后核定事业编制 8 044 人，占在职职工的 69%；富余职工 3 644 人，占在职职工的 31%。

除了将职工收编解决就业和收入问题外，还实施了多种措施以改善其社会福利保障和生活环境。在林场职工的社会保障方面，改革后，辽宁省国有林场的职工，包括在职和离退休人员，均被纳入事业单位保险，按照规定参加当地养老、医疗、工伤、失业、生育社会保险，而且实行应保尽保，实现全覆盖。在国有林区基础设施建设方面，辽宁省将加强国有林场基础设施建设纳入当地政府基本建设投资计划，统筹推进国有林场道路、饮水、安居、电网改造升级等基础设施建设。

4. 盘活资源谋划产业项目

在推进国有林场改革过程中，如何让林场经营可持续发展，需要外在助力和内生动力共同推进。为使国有林场更好地发挥其森林培育及保护的功能，辽宁省对其予以了资金和政策倾斜。5年之内，造林、森林经营、抚育、推广、扶贫等林业建设项目将优先安排给国有林场。辽宁省预计，在改革后 4 年内，国有林场可以做到收支基本平衡，4 年后可扭亏为盈并实现可持续发展。同时，为了使国有林场具有内生发展能力，辽宁省鼓励林场在保护和培育森林资源的前提下，充分发挥资源优势，积极招商引资，重点发展森林旅游和林下产业等特色产业，多措并举促进职工就业增收，不断壮大林场经济实力，实现林场资源增长、效益不断增加的发展目标。

以开发促保护为发展理念的森林旅游产业被认为是国有林场今后发展的重要方向，具有巨大的发展潜力。辽宁省提倡，依托丰富的国有森林资源发展森林旅游，鼓励、引导有条件的国有林场成立森林公园、林业特色观光园、林业特色产业园等森林旅游平台，形成辽宁省森林旅游产业集群，积极打造"辽宁森林生态旅游"品牌，打造我国重要的自然和生态文化旅游中心。辽宁省还根据省内各城市的分布特点及森林旅游资源特色，将全省森林旅游划分为山、海、民俗、宗教等各具特色的生态旅游区。以本溪桓仁县为例，为解决林场的资源与经济危机，县林业局组织 8 家国有林场入股开发建设了集红叶观光、避暑度假、休闲养生、山地运动为一体的辽宁省首个森林生态旅游度假景区——枫林谷森林公园。林场通过变砍树为护树，变林业资源为旅游资源，实现"不砍树，也能富"，原本最贫困的和平林场成为全县最富裕的林场。2019年，枫林谷共接待游客 31 万人次，实现收入 1 350 万元。同时，枫林谷旅游的发展也带动了周边农民就地就业，通过开办农家乐、路边摆摊售卖森林食品和土特产品，户均每年可增收 3 万元。

案例二十：河北塞罕坝林场——三代人的坚守"染绿"了荒漠

(一) 塞罕坝林场区域概况

塞罕坝机械林场建立于 1962 年，是河北省林草局直属的大型国有林场、国家级自然保护区和国家级森林公园，总经营面积 140 万亩。该林场坐落于河北省围场满族蒙古族自治县北部坝上地区，是滦河、辽河两大水系的发源地之一。林场所在地区以高原和山地为主，海拔高 1 010～1 940 米，拥有典型的半干旱半湿润寒温性大陆季风气候特征，浑善达克沙地极易从该地区向北京南侵。该林场是"为首都阻沙源、为京津保水源、为国家增资源、为地方拓财源"的一道绿色生态屏障。

清朝时期，康熙平定"三藩之乱"后，因该地森林茂密，鸟兽繁多，在此设立狩猎场——木兰围场。但由于吏治腐败和财政颓废，内忧外患的清政府在同治二年（1863 年）开围放垦，大肆破坏森林植被。后来，此地又遭日本侵略者的掠夺采伐和连年山火，使其成为一片荒原。中华人民共和国成立初期，昔日有"千里松林"之称的美丽高岭，已经彻底荒漠化。

自林场建立以来，塞罕坝务林人发扬"牢记使命、艰苦创业、绿色发展"的塞罕坝精神，克服了种种艰苦的气候条件，建成了华北地区人工林规模最大的人工林林场，树立了植树造林改善生态环境的典范。目前，全场总经整面积 140 万亩，有林地面积 112 万亩，森林覆盖率 80%，活立木蓄积 1 012 万立方米，成为集生态公益林建设、商品林经营、森林生态旅游和多种经营于一体的全国最大的人工林林场。该林场先后获得"国有林场建设标兵""全国森林经营示范国有林场""全国科技兴林示范场""全国森林防火工作先进单位""时代楷模""全国'五一'劳动奖状""地球卫士"等荣誉称号。

（二）塞罕坝林场林业乡村振兴的探索与成就

"绿水青山就是金山银山"，已在塞罕坝林场被三代务林人努力实践。在国家的号召下，塞罕坝务林人肩负着修复生态、保护生态的历史使命，用坚韧的意志力和代代相传的责任担当，将这片荒漠从一棵树发展为一片绿洲。扎根于此的务林人在开拓创新的时代精神里，不断探索生态与经济发展的平衡，在造林的基础上，实现了护林增收，造林碳

158

汇、生态旅游和苗木培育等项目的引进，解决了林木管护和经济发展难题。

自建场以来，塞罕坝林场的有林地面积，由 24 万亩增加到目前的112 万亩，成为世界上面积最大的一片人工林；森林覆盖率由 12% 提高到 80%。塞罕坝林场的百万亩人工林海，每年为京津地区输送净水1.37 亿立方米、释放氧气 55 万吨，成为守卫京津的重要生态屏障。

1. 从发现一棵树到造出一片绿洲

一棵落叶松开启了塞罕坝的绿洲梦。20 世纪 60 年代初，正值国民经济困难时期，国家仍咬紧牙关，下定决心建一座大型国有林场，恢复植被，阻断风沙。在林场建立前夕，时任林业部国营林场管理总局副局长刘琨临危受命，带着 6 位专家到达塞罕坝，进行造林勘察。荒凉了半个世纪的塞罕坝自然条件十分恶劣，气温低降水少，并不适宜树木存活。但在红松洼自然保护区的一整片低矮的樟子松林中，一棵兀自挺立的落叶松给了刘琨一行人成立林场造林的希望。这棵树也被称为"功勋树"，是塞罕坝林场成立的功勋之臣。

来自全国 18 个省（区、市），平均年龄不到 24 岁的 369 名热血青年来到塞罕坝开始了造林旅程。经过两年的付出，6 400 亩落叶松栽种完毕，但不到 8% 的存活率给了他们沉重的一击。这帮年轻人却没有向失败低头，经过冷静的分析，他们发现经过长途运输的东北落叶松苗木到达塞罕坝已经流失了过多的水分，本土育苗是提高苗木存活率最有效的办法。为了使落叶松能适应坝上的气候条件，塞罕坝务林人采用了颠覆传统的全光育苗法，并且大获成功，存活率提高至 96.6%。塞罕坝落叶松种苗苗株短粗，根须发达，透露着顽强的生命力。用了近 10 年的时间，60 多万亩落叶松覆盖了寸草不生的荒漠地。

本土育种的成功只是建造坝上绿洲的第一步。坚忍的意志才是对抗恶劣气候最坚实的武器。在后来的 10 年里，多次的天灾一次又一次地摧毁着务林人的劳动果实，却没有浇灭他们造林护林的信念。96 万亩林地，3.2 亿多株落叶松是塞罕坝务林人的坚守和传承。

第二代务林人王建峰在 1991 年来到林场，尽管塞罕坝已完成大规模造林，但是沙化最严重的三道河口还在等着一场绿色的救援。在这片沙地里，没电、没路，人迹罕至，树苗也无法成活。但是只要有恒心，铁杵也能磨成针。经过王建峰一行人的反复试验，他们找到了有效的培育办法，开始将三道口"染绿"。

林场林业科科长李永东代表着塞罕坝林场的第三代务林人。2012年，生态文明建设受到了党和国家的高度重视。塞罕坝林场的造绿工程也迎来了更高难度的挑战。改造石质荒山，在岩石上种树，仍旧没有击垮塞罕坝务林人迎难而上的精神。石质荒山的土层稀薄，仅几厘米厚，且坡度很大，最大坡度达到 46 度，交通不便。但是在塞罕坝务林人的不懈努力下，靠着人背手凿，7.5 万亩石质荒山野坡披上了"绿衣"，实现了一次性造林、一次成活、一次成林。

在全国造林条件最艰苦的地区之一，三代造林人坚守信念矢志不渝的拼搏和奉献，对绿色理念的彻悟和坚守，对中华民族永续发展的使命和担当，创造了一个生态壮举，"染绿"了一片黄土。

2. 从砍树换钱到护树生钱

在造林工程的快速推进下，塞罕坝即将无林可造，除了管护种下的林子，似乎只能坐吃山空。但是，塞罕坝开辟了一条用护林换取森林资源生态价值的道路。

在塞罕坝机械林场总场副场长张向忠看来，"造林是技术，管护是艺术，只造不管等于零"。树木也需要修枝、割灌、间伐等抚育工作，以促进森林质量的提升。经过长期科学管理，塞罕坝林场单位面积蓄积量，是全国人工林的 2.76 倍、世界的 1.23 倍，实现了生态效益、经济效益、社会效益的有机统一。数据显示，塞罕坝的森林每年可吸收二氧化碳 74.7 万吨，释放氧气 54.5 万吨，可供 199.2 万人呼吸一年之用。按照中国碳汇基金会测算，塞罕坝机械林场有 45 万余亩的森林可以包装上市。

经过两年的努力，总减排量为 475 万吨二氧化碳当量的造林碳汇和营林碳汇项目，获得国家发展改革委备案，这是迄今为止全国林业碳汇签发碳减排量最大的自愿减排碳汇项目。首批森林碳汇项目计入期为30年，其间预计产生净碳汇量470多万吨。按碳汇交易市场行情和价格走势，造林碳汇和森林经营碳汇项目全部完成交易后，可带来超亿元的收入。而且碳汇交易所得的收入，将主要用于林场的林业生态建设，以推动良性循环。

3. 从吸引游客到"拒绝"游客

塞罕坝四季皆有美景，是摄影发烧友的天堂，是华北地区知名的森林生态旅游胜地。2017年，塞罕坝森林小镇还被国家林业和草原局列为首批国家森林小镇试点单位之一。

由于森林承载力是有限度的，林场在进行旅游开发时，科学分析了森林的承载力，严格控制新建旅游景点及设施的数量规模、入园人数、控制入园时间、控制开发区域、控制占林面积。塞罕坝林场曾委托专业机构分别于1993年、1999年、2016年制定了森林公园发展规划。塞罕坝国家森林公园分为生态保育区、核心景观区、管理服务区、一般游憩区。其中，生态保育区严禁开发，核心景观区限制开发，两者面积占林场总面积的59.3%。林场和景区还实行"两块牌子，一个班子"，从制度层面上保证了规划的顺利实施。

2016年，塞罕坝接待游客50万人次，门票收入达4 400万元。按照规划，如果游客达到100万人次，可再增加收入4 000多万元。但塞罕坝人却宁保生态也不愿挣这笔钱，将每年的游客量控制在50万人以内，收入自然也随着减少了一半。目前，当地的旅游开放面积仅占林场总面积的万分之四。

4. 从造林困难到苗木广销

在艰苦卓绝的条件下，几十年的育苗植树经验，使塞罕坝务林人掌握了高效的育种技术。为了转变林场发展方式，塞罕坝抓住了国家倡导生态文明建设的大好时机，将最擅长的育苗投入产业经营，进军绿化苗木产业。从卖木材到卖苗木，塞罕坝林场的木材收入占林场总收入的比重下降到50％以下，林场职工人均年工资收入不仅明显高于当地城镇职工平均水平，也高于全国林场平均水平。

针对来自全国各地的需求，塞罕坝正在建设规格梯次化、数量规模化、品种多样化、品质精良化的苗木基地，增加产品种类。目前，已建成8万余亩的绿化苗木基地，储备苗木1 800余万株，培育了云杉、樟子松、白桦、油松、落叶松等多品种、多规格的大量优质绿化苗。

林场的绿化苗木，被销往京津冀、内蒙古、甘肃、辽宁等全国十几个省（区、市），每年收入超过1 000万元，甚至达到2 000多万元。

附 录

附录一　国家林业和草原局关于促进林草
产业高质量发展的指导意见

国家林业和草原局关于促进林草产业高质量发展的指导意见

林改发〔2019〕14 号

各省、自治区、直辖市林业和草原主管部门，内蒙古、大兴安岭森工（林业）集团公司，新疆生产建设兵团林业和草原主管部门，国家林业和草原局各司局、各派出机构、各直属单位：

森林和草原是重要的可再生资源。合理利用林草资源，是遵循自然规律、实现森林和草原生态系统良性循环与自然资产保值增值的内在要求，是推动产业兴旺、促进农牧民增收致富的有效途径，是深化供给侧结构性改革、满足社会对优质林草产品需求的重要举措，是激发社会力量参与林业和草原生态建设内生动力的必然要求。为合理利用林草资源，高质量发展林草产业，实现生态美百姓富有机统一，现提出如下意见。

一、指导思想

全面贯彻落实党的十九大和十九届二中、三中全会精神，以习近平新时代中国特色社会主义思想为指导，践行"绿水青山就是金山银山"理念，深化供给侧结构性改革，大力培育和合理利用林草资源，充分发挥森林和草原生态系统多种功能，促进资源可持续经营和产业高质量发展，有效增加优质林草产品供给，为实现精准脱贫、推动乡村振兴、建设生态文明和美丽中国做出更大贡献。

二、基本原则

（一）坚持生态优先，绿色发展。正确处理林草资源保护、培育与利用的关系，建立生态产业化、产业生态化的林草生态产业体系，筑牢发展新根基。

（二）坚持因地制宜，突出特色。根据林草资源禀赋，培育主导产业、特色产业和新兴产业，培植林草产品和服务品牌，形成资源支撑、产业带动、品牌拉动的发展新格局。

（三）坚持创新驱动，集约高效。加快产品创新、组织创新和科技创新，推动规模扩张向质量提升、要素驱动向创新驱动、分散布局向集聚发展转变，培育发展新动能。

（四）坚持市场主导，政府引导。充分发挥市场配置资源的决定性作用，积极培育市场主体，营造良好市场环境。加强政府引导和监督管理，完善服务体系，健全发展新机制。

三、发展目标

到 2025 年，林草资源合理利用体制机制基本形成，林草资源支撑能力显著增强，优质林草产品产量显著增加，林产品贸易进一步扩大，力争全国林业总产值在现有基础上提高 50% 以上，主要经济林产品产量达 2.5 亿吨，林产品进出口贸易额达 2 400 亿美元；产业结构不断优化，新产业新业态大量涌现，森林和草原服务业加速发展，森林的非木质利用全面加强和优化，林业旅游、康养与休闲产业接待规模达 50 亿人次，一、二、三产业比例调整到 25∶48∶27；资源开发利用监督管理进一步加强，资源利用效率和生产技术水平进一步提升，产业质量效益显著改善；有效增进国家生态安全、木材安全、粮油安全和能源安全，有力助推乡村振兴、脱贫攻坚和经济社会发展，服务国家战略能力全面增强。

到 2035 年，林草资源配置水平明显提高，林草产业规模进一步扩大，优质林草产品供给更加充足，产业结构更加优化，产品质量和服务水平全面提升，资源利用监管更加有效，服务国家战略能力持续增强，我国迈入林草产业强国行列。

四、重点工作

（一）增强木材供给能力。突出可持续经营和定向集约培育，加大人工用材林培育力度。以国家储备林为重点，加快大径级、珍贵树种用材林培育步伐。推进用材林中幼林抚育和低质低效林改造。支持林业重点龙头企业或有经营能力的其他社会投资主体参与原料林基地建设。加强竹藤资源培育，发展优质高产竹藤原料基地，增加用材供给。

（二）推动经济林和花卉产业提质增效。坚持规模适度、突出品质、注重特色，建设木本油料、特色果品、木本粮食、木本调料、木本饲料、森林药材等经济林基地和花卉基地，创建一批示范基地，培育特色优势产业集群。加强优良品种选育推广，健全标准体系，推行标准化生产，调整品种结构，培育主导产品。发展精深加工，搞好产销衔接，增强带动能力。

（三）巩固提升林下经济产业发展水平。完善林下经济规划布局和资源保护利用政策。支持小农户和规模经营主体发展林下经济。提升林下经济质量管理和品牌建设能力，完善技术和产品标准，出台林下药用植物种植等技术规程，规范林下经济发展。培育一批规模适度、特色鲜明、效益显著、环境友好、带动力强的林下经济示范基地。

（四）规范有序发展特种养殖。发挥林区生态环境和物种资源优势，以非重点保护动物为主攻方向，培育一批特种养殖基地和养殖大户，提升繁育能力，扩大种群规模，增加市场供给。鼓励社会资本参与种源繁育、扩繁和规模化养殖，发展野生动物驯养观赏和皮毛肉蛋药加工。完善野生动物繁育利用制度，加强行业管理和服务，推动保护、繁育与利用规范有序协调发展。

（五）促进产品加工业升级。优化原料基地和林草产品加工业布局，促进上下游衔接配套。支持农户和农民合作社改善林草产品储藏、保鲜、烘干、分级、包装条件，提升初加工水平。加大生物、工程、环保、信息等技术集成应用力度，加强节能环保和清洁生产，促进加工网络化、智能化、精细化。支持营养功能成分提取技术研究和开发，培育发展森林食品。开发林业生物质能源、生物质材料和生物质产品，挖掘林产工业潜力。鼓励龙头企业牵头组建集种养加服于一体、产学研用相结合的各类林草产业联盟。

（六）大力发展森林生态旅游。制定森林生态旅游与自然资源保护良性互动的政策机制。推动标准化建设，建立统一的信息统计与发布机制。积极培育森林生态旅游新业态新产品。开展服务质量等级评定。加强试点示范基地建设，打造国家森林步道、特色森林生态旅游线路、新兴森林生态旅游地品牌。加强森林生态旅游宣传推介。引导各地围绕森林生态旅游开展森林城镇、森林人家、森林村庄建设。

（七）积极发展森林康养。编制实施森林康养产业发展规划，以满足多层次市场需求为导向，科学利用森林生态环境、景观资源、食品药材和文化资源，大力兴办保健养生、康复疗养、健康养老等森林康养服务。建设森林浴场、森林氧吧、森林康复中心、森林疗养场馆、康养步道、导引系统等服务设施。加强林药材种植培育、森林食品和药材保健疗养功能研发。推动实施森林康养基地质量评定标准，创建国家森林康养基地。

（八）培育壮大草产业。继续实施退牧还草工程，启动草原生态修复工程，保护天然草原资源。加大人工种草投入力度，扩大草原改良建设规模，提高草原牧草供应能力。启动草业良种工程，加大优良草种繁育体系建设力度，逐步形成草品种集中生产区。加大牧草种植业投入，出台草产品加工业发展激励政策。重视发展草坪业，提高草坪应用水平。积极发展草原旅游，开展大美草原精品推介活动，打造草原旅游精品路线。

五、保障措施

（一）壮大经营主体。以林业专业大户、家庭林场、农民专业合作社、龙头企业和专业化服务组织为重点，加快新型林业经营体系建设。培育和壮大林业龙头企业，推动组建国家林业重点龙头企业联盟，加快推动产业园区建设，促进产业集群发展。引导发展以林草产品生产加工企业为龙头、专业合作组织为纽带、林农和种草农户为基础的"企业＋合作组织＋农户"的林草产业经营模式，打造现代林草业生产经营主体。积极营造林草行业企业家健康成长环境。

（二）完善投入机制。推动林草产权制度和经营管理制度创新。实施好《建立市场化、多元化生态保护补偿机制行动计划》，创新森林和草原生态效益市场化补偿机制。优化林业贷款贴息、科技推广项目等投入机制，重点支持珍贵树种、木本油料、木本饲料、特种经济树种栽培、优质苗木、森林（草原）生态旅游、森林康养等领域。运用政府和社会资本合作（PPP）等模式，引导社会资本进入林草产业。落实国家已确定的用地政策，激励各类经营主体投资林草产业基础设施和服务设施建设。

（三）拓展金融服务。积极争取扩大林权抵押贷款规模，争取金融机构开发林业全周期信贷产品，推广林权按揭贷款，推动林草业经营收益权质押贷款和生态补偿收益权质押贷款。积极协调金融机构拓宽支持林业产业的金融产品，鼓励各地建立林权收储担保服务制度，支持林业规模经营主体创办（领办）林权收储机构，支持其以自有林权抵押折资作为保证资金。鼓励金融机构开展林产品抵押、质押融资。争取保险机构扩大保险覆盖范围。完善林草资源资产评估制度和标准。

（四）加强市场建设。推广"互联网＋"模式，建设林草产品电子商务体系，搭建电子商务平台，加强大数据应用，促进线上线下融合发展。大力推行订单生产，鼓励龙头企业与农民、专业合作组织建立长期稳定购销关系。积极推广木竹结构建筑和绿色建材，服务新型城镇化建设需要。深入实施森林生态标志产品建设工程，完善统一规范的产品标准、认定和标识制度。加强区域特色品牌、区域公用品牌、国内知名品牌和国际优良品牌建设。强化企业社会责任管理，健全评价体系和命名制度。实施林草碳汇市场化建设工程，完善碳汇计量监测体系，加快发展碳汇交易。

（五）强化科技支撑。加强用材林、经济林、林下经济、竹藤、花卉、特种养殖、牧草良种培育等关键技术研究，推广先进适用技术。集成创新木质非木质资源高效利用技术和草原资源高效利用技术。推动林区网络和信息基础设施基本全覆盖，加快促进智慧林业发展。推进国家级林草业先进装备生产基地建设，提升先进装备研发和制造能力。开展林业和草原科技特派员科技创业行动，鼓励企业与科研院所合作，培养科技领军人才、青年科技人才和高水平创新团队。

（六）深化"放管服"改革。精简和优化林草业行政许可事项，提升行政审批效率。推进行政许可随机抽查全覆盖，加强事中事后监管。深化林木采伐审批改革，逐步实现依据森林经营方案确定采伐限额，改进林木采伐管理服务。建设林业基础数据库、资源监管体系、林权管理系统和林区综合公共服务平台。强化乡镇林业工作站公共服务职能，全面推行"一站式、全程代理"服务。发挥好行业组织在促进林草产业发展方面的作用。

（七）维护质量安全。健全林草产品标准体系和质量管理体系，完善林草产品质量评价制度和追溯制度。加快推进标准化生产，大力推进产地标识管理、产地条形码制度。培育创建一批林草产品质量提升示范区。建立林草产业市场准入目录、市场负面清单及信用激励和约束机制。建立主要林草产品质量安全抽检机制，及时发布检测结果，引导企业落实产品质量及安全生产责任。

（八）扩大国际合作。实施林草产品引进来和走出去战略。鼓励和引导企业建立海外森林资源培育基地和林业投资合作示范园区。深化木材加工、林业机械制造等优势产能国际合作，推进林业调查规划、勘察设计等服务和技术输出。依托国内口岸，建立进口木材储备加工交易基地。健全林业贸易摩擦应对和境外投资预警协调机制。

附录二 全国绿化委员会国家林业和草原局关于
积极推进大规模国土绿化行动的意见

全国绿化委员会国家林业和草原局
关于积极推进大规模国土绿化行动的意见

全绿字〔2018〕5 号

各省、自治区、直辖市、新疆生产建设兵团绿化委员会，全国绿化委员会各成员单位，各省、自治区、直辖市林业厅（局），内蒙古、吉林、龙江、大兴安岭森工（林业）集团公司，国家林业和草原局各司局、各直属单位：

开展大规模国土绿化行动，是党的十九大作出的重大战略决策，是建设生态文明和美丽中国的重要举措，是贯彻习近平生态文明思想的生动实践。为深入贯彻党的十九大和中央经济工作会议、中央农村工作会议、全国国土绿化工作电视电话会议精神，积极推进大规模国土绿化行动，现提出如下意见。

一、总体要求

（一）指导思想。深入贯彻落实党的十九大精神，以习近平新时代中国特色社会主义思想特别是习近平生态文明思想为指导，紧紧围绕统筹推进"五位一体"总体布局和协调推进"四个全面"战略布局，认真践行绿水青山就是金山银山理念，以建设美丽中国为总目标，以满足人民美好生态需求为总任务，以维护森林草原生态安全为基本目标，以增绿增质增效为主攻方向，统筹山水林田湖草系统治理，依靠创新驱动，依靠人民群众，依靠法治保障，多途径、多方式增加绿色资源总量，着力解决国土绿化发展不平衡不充分问题，构建科学合理的国土绿化事业发展格局。

（二）主要任务

推进大规模国土绿化，大面积增加生态资源总量，持续加大以林草植被为主体的生态系统修复，有效拓展生态空间；大幅度提升生态资源质量，着力提升生态服务功能和林地、草原生产力，提供更多优质生态产品；下大力气保护好现有生态资源，全面加强森林、草原、湿地、荒漠生态系统保护，夯实绿色本底，筑牢生态屏障。

（三）主要目标

到 2020 年，生态环境总体改善，生态安全屏障基本形成。森林覆盖率达到 23.04％，森林蓄积量达到 165 亿立方米，每公顷森林蓄积量达到 95 立方米，主要造林树种良种使用率达到 70％，村庄绿化覆盖率达到 30％，草原综合植被盖度达到 56％，新增沙化土地治理面积 1 000 万公顷。到 2035 年，国土生态安全骨架基本形成，生态服务功能和生态承载力明显提升，生态状况根本好转，美丽中国目标基本实现。到 2050 年，迈入林业发达国家行列，生态文明全面提升，实现人与自然和谐共生。

（四）基本原则

——坚持以人民为中心理念。牢固树立绿化惠民理念，始终将人民对美好生活的向往作为国土绿化的奋斗目标，坚持绿化为了人民、绿化成果由人民共享，加大国土绿化力度，着力解决群众最关心的生态问题，营建良好的生产生活环境，提供更多优质生态产品，让人民群众充分享受国土绿化成果。

——坚持走科学、生态、节俭绿化之路。遵循尊重自然、顺应自然、保护自然的生态文明理念，坚持规划统筹，优化生产、生活、生态空间，坚持因地制宜、科学绿化，以水定林（草）、量水而行，乔灌草结合、封飞造并举。严禁天然大树进城。遵循自然规律和经济规律，坚持经济节俭的绿化理念，确保国土绿化行动科学健康发展。

——坚持数量和质量并重。开展国土绿化行动既要注重数量更要注重质量。充分挖掘生态用地潜力,加大森林、草原生态系统修复力度,扩大林草植被面积,增加生态资源总量。着力提升生态资源质量,积极推动国土绿化由规模速度型向数量质量效益并进型转变,切实加强林草资源抚育经营,提高森林、草原生态系统的质量和稳定性,全面提升生态服务功能。

——坚持保护优先。保护现有生态资源是国土绿化行动的首要任务。坚持最严格的生态保护制度,全面强化森林、草原、湿地、荒漠等生态系统保护,巩固生态建设成果。准确把握保护生态与发展经济的关系,坚持在保护中发展,在发展中保护,实现发展与保护协调统一,推进国土绿化可持续发展。

——坚持山水林田湖草系统治理。把山水林田湖草作为一个生命共同体,进行统一保护、统一修复。坚持系统工程的思路,按照生态系统的整体性、系统性及其内在规律,统筹考虑自然生态各要素,将林草植被恢复与山水田湖综合治理统筹规划,治沟与治坡相结合,治山与治水相结合,生物措施和工程措施相结合,实现整体保护、系统修复,优化生态安全屏障体系,维护国家生态安全。

——坚持政府主导、社会参与。强化行政推动,坚持和加强各级人民政府、各级绿化委员会对国土绿化工作的领导,完善领导体制,落实责任机制,为开展国土绿化行动提供坚强有力的组织保障。认真落实全国动员、全民动手、全社会搞绿化的基本方针,坚持国家、集体、企业、社会组织、个人一起上,积极引导各方面社会力量和资金投入国土绿化,形成多层次、多形式、全方位推进国土绿化的强大合力。

二、实施重大生态修复工程,以大工程带动国土绿化

(一)深入推进退耕还林还草工程。将《新一轮退耕还林还草总体方案》确定的具备条件的 4 240 万亩坡耕地和严重沙化耕地以及 2017 年国务院批准核减的陡坡耕地基本农田落实到地块,2020 年前组织实

施。研究提出进一步扩大退耕还林还草的意见，统筹耕地保护和退耕还林还草的关系，逐步将陡坡耕地、重要水源地 15～25 度坡耕地、严重沙化耕地、严重污染耕地、严重石漠化耕地、易地扶贫搬迁腾退耕地等不宜耕种耕地，特别是对长江经济带生态修复需要的退耕地及禁垦坡度以上坡耕地纳入工程范围。进一步落实省级人民政府负总责的要求，加强政策引导和工作指导，确保全面完成退耕还林还草任务。

（二）着力加强三北等防护林体系工程建设。全面落实三北防护林体系建设五期工程规划，大力加强京津冀区域绿化，抓好百万亩防护林基地建设。持续推进长江、珠江、太行山、沿海和平原防护林体系工程建设。加快长江、珠江两岸造林绿化，重点加强"长江经济带"，南水北调中线区域，洞庭湖、鄱阳湖、三峡库区、丹江口库区，以及南北盘江水源涵养林、水土保持林和护岸林建设。加快太行山区水土流失治理步伐。强化沿海基干林带、消浪林带建设和修复，增强生态防护功能，提升防灾减灾御灾能力。完善农田防护林体系布局，科学设置网格，综合治理田林路渠，构建配置科学、结构合理，带、片、网相结合的多树种、多层次、多功能的防护林体系。启动实施国土绿化"百县千场"行动，重点推进国土绿化 100 个重点县、1 000 个重点林场建设。实施好河北雄安新区白洋淀上游、内蒙古浑善达克、青海湟水规模化林场试点，确保高质量完成试点任务。

（三）加快国家储备林建设。全面实施《国家储备林建设规划（2018—2035 年）》，在自然条件适宜地区，推进实施粤桂琼沿海、浙闽武夷山北部、湘鄂赣罗霄山等一批国家储备林建设工程。重点实施广西壮族自治区、福建南平、江西吉安等国家储备林示范项目，大力培育和储备珍稀树种及大径级用材等森林资源，到 2020 年建设国家储备林700 万公顷。开展国家储备林典型林分经营模式研究和推广示范，在编制森林经营方案试点基础上，全面推进国家储备林森林经营方案编制工作，建立健全国家储备林现代工程管理制度和技术标准体系。

（四）持续推进防治荒漠化工程。继续推进京津风沙源治理、岩溶地区石漠化综合治理，加大对大江大河上游或源头、生态区位特殊地区石漠化治理力度，认真抓好全国防沙治沙示范区建设，支持社会组织和企业参与防沙治沙和沙产业发展。对暂不具备治理条件和因保护生态需要不宜开发利用的连片沙化土地实施封禁保护。建设150处国家沙漠（石漠）公园。认真抓好灌木林平茬复壮试点工作。实施《沙化土地封禁保护修复制度方案》，落实地方政府防沙治沙目标责任制，尽快形成较为完善的沙化土地封禁保护修复制度体系。强化防沙治沙执法督查，依法保护沙区植被，巩固防沙治沙成果。

（五）着力强化草原保护与修复工程。继续实施农牧交错带已垦草原治理工程，力争2020年前完成1 750万亩已垦草原治理任务。继续实施退牧还草工程，科学规划围栏建设路线，落实围栏管护责任。科学选定人工饲草地建设地点，合理利用空中云水资源和地表水建设人工饲草地。推进南方草地保护建设，合理开发利用南方草地资源，恢复和增强南方草地植被生态功能。完善草原保护建设工程管理措施，建立成果巩固长效机制，确保工程建设发挥实效。

（六）开展乡村绿化行动。全面保护乡村自然生态系统的原真性和完整性，加强乡村原生植被、自然景观、小微湿地和野生动植物保护，实施严格的开发管控制度。因地制宜开展乡村片林、景观通道、庭院绿化、四旁绿化、乡村绿道、休憩公园建设。推行以工程措施稳固山体、生物措施恢复植被的林业治山模式，实施乡村山体创面、矿山废弃地、污染地植被恢复。加强乡村森林抚育、退化林修复，提升乡村生态资源质量。积极培育高效用材林、特色经济林，发展竹藤花卉及林下经济。开展森林乡村建设，到2020年，建成20 000个国家森林乡村、森林人家。

（七）稳步推进城市绿化。以创建森林城市、园林城市、绿化模范城市为载体，加强城市片林、风景林建设，稳步推进城市公园、郊野公园、城郊森林公园等各类公园及城郊绿道、环城绿带、生态廊道建设，采取规划建绿、拆违还绿、立体植绿等方式，努力扩大绿地面积，不断提升景观效果。加快建设国家森林城市和森林城市群，稳步增加人均绿地面积，着力提升城市绿地总量，构建稳定的城市森林生态系统。到2020年，建成200个国家森林城市和6个国家级森林城市群、360个国家园林城市。

三、积极推进社会造林，引导各类主体参与国土绿化

（一）深入开展全民义务植树。各级领导干部要带头履行植树义务，带动广大人民群众积极投入国土绿化行动。组织广大群众种植幸福林、青年林、巾帼林、亲子林等，开展"植绿护绿""绿化家园""保护母亲河行动"等主题活动。认真实施《全民义务植树尽责形式管理办法》，落实好造林绿化、抚育管护、自然保护、认种认养、志愿服务等8类尽责形式。深入推进"互联网＋全民义务植树"，完善全民义务植树网络平台，创新拓宽公众尽责和知情的有效途径。建设好各类义务植树基地，逐步建立国家、省、市、县的基地建设体系。认真落实属地管理制度，依托乡镇、街道、社区居民委员会，开展城乡适龄公民义务植树预约登记、组织管理、统计发证等工作。

（二）协同推进部门（系统）绿化。认真落实《全国造林绿化规划纲要（2016—2020年）》，将完成管理区域绿化、增加辖区生态资源总量作为工作重点，加快推进生产区、办公区、生活区等绿化美化。着力抓好公路、铁路、河渠、堤坝等绿化美化，科学配置绿化植被，建设层次多样、结构合理的绿色生态通道，丰富通道景观，改善沿线生态环境，提升防护功能。积极开展"绿色机关""绿色单位""绿色学校""绿色社区""绿色家庭""绿色矿区""绿色营区"等建设工作。深入推进矿山复绿，对重要自然保护区、景观区、居民集中生活区的周边和重要交通干线、河流湖泊直观可视范围，采取工程措施和生物措施相结合的方式，使生态得到恢复、景观得到美化。

（三）鼓励引导社会力量参与造林。积极发展造林主体混合所有制，探索国有林场林区与企业、林业新型经营主体开展多种形式的场外合作造林和森林保育经营，有效盘活林木资源资产。组织动员国企、民企、外企、集体、个人、社会组织等各方面社会力量参与国土绿化，培育一批专门从事生态保护与修复的专业化大型企业。大力推广"生态＋脱贫"模式，林业重点工程建设任务向贫困地区尤其是深度贫困地区倾斜，优先扶持组建以建档立卡贫困人口为主的造林专业合作组织，承担营造林工程建设任务。大力发展生态产业，带动一批贫困人口增收脱贫。到2020年，力争组建1.2万个造林（草）合作社（队），吸纳10万以上贫困人口参与生态工程建设。

四、强化森林、草原经营管理，精准提升生态资源质量

（一）切实提高造林种草质量。科学选择林草植被种类和恢复方式，根据气候条件和土壤条件，宜造则造、宜封则封、宜飞则飞，确保造林种草成活率和保存率。干旱半干旱、石漠化、盐碱化等困难立地造林，要科学核定林草生产力和区域承载力，宜乔则乔、宜灌则灌、宜草则草，提高植被恢复的科学性和有效性。要优先选择乡土树种草种、珍贵树种、抗逆性强的树种，大力营造混交林。认真执行《造林技术规程》《造林作业设计规程》《人工种草技术规程》等技术规程，严格坚持先设计后造林种草，强化造林种草全过程质量管理，加强未成林地抚育管护，促进郁闭成林。

（二）精准提升林草资源质量。落实《全国森林经营规划（2016—2050年）》，建立全国、省、县三级森林经营规划体系，督促各类经营主体编制和执行森林经营方案。按照《"十三五"森林质量精准提升工程规划》，年度实施森林抚育、退化林修复1.5亿亩，新启动30个森林质量精准提升示范项目。认真执行《森林抚育规程》，完善森林经营技术措施，推进林地立地质量评价、森林质量提升关键技术、营造林机械化等研究和应用。针对不同类型、不同发育阶段的林分特征，科学采取抚育间伐、补植补造、人工促进天然更新等措施，逐步解决林分过疏、过密等结构不合理问题。大力推进天然林修复，以自然恢复为主，人工促进为辅，采取人工造林、抚育、补植补造、封育等措施，改善天然林结构，促进天然林质量提升。切实转变森林经营利用方式，推动采伐利用由轮伐、皆伐等向渐伐、择伐等转变，确保森林恒续覆盖，提升森林生态系统的质量和稳定性。研究制定适用于各类型草原的施肥、补播等草原改良技术规程和建设标准，完善草原资源质量监测技术手段，推进草原改良和质量评价的研究与应用。

（三）加强退化林修复。充分利用自然力，采取人工促进等有效措施，有计划、有步骤地对低质低效林进行改造。对于退化防护林，采取小面积块状皆伐更新、带状更新、林（冠）下造林、补植更新等方式进行修复，配置形成混交林，促进生态系统正向演替。对于低产用材林，采取更替改造、抚育间伐、补植补造等措施，增加珍贵树种、优质高效用材树种，不断优化林分结构，提高林地生产力。对于低产经济林，进行品种改良、土壤改良，加强水肥管理，及时整枝修剪、疏花疏果，促进增产。严格落实相关制度和技术规程，禁止以低效林改造、退化林修复为名，将天然次生林改造为人工林。

五、加强生态资源保护，维护国土生态安全

（一）全面加强天然林保护。落实《天然林保护修复制度方案》，全面保护 29.66 亿亩天然林，实施好天然林资源保护二期工程，19.44 亿亩天然乔木林得到全面保护。继续停止天然林商业性采伐，并按规定安排停伐补助和停伐管护补助。加强天然灌木林地、未成林封育地、疏林地管护和修复。恢复森林资源、扩大森林面积、提升森林质量、增强森林生态功能。

（二）着力巩固森林资源成果。科学划定并严守林地、草地、湿地、沙地等生态保护红线，坚决维护国家生态安全底线。严格落实领导干部生态环境损害责任追究，强化党政领导干部生态环境和资源保护职责。加快推进自然资产负债表编制，建立自然资源开发使用成本评估机制，实行生态环境损害赔偿制度。严格林地用途管制和林地定额管理，实施差别化林地管理政策，严格审核审批建设项目使用林地，保护生态功能重要和生态脆弱区域林地。严厉打击乱砍滥伐、乱捕滥猎、毁林开垦、非法占用林地、湿地等各种破坏生态资源的违法犯罪行为。

（三）不断强化草原资源保护。实行基本草原保护制度，确保面积不少、质量不降、用途不变。严格落实草原承包、基本草原保护、禁牧休牧划区轮牧、草畜平衡等制度，落实年度任务草原禁牧12亿亩以上和草畜平衡26亿亩以上。组织开展草原执法专项检查，依法严厉查处非法开垦、非法征占用、非法采挖草原野生植物等破坏草原的违法行为。严格依法做好草原征收使用审核审批工作，强化草原野生植物采集管理。

（四）全面加强森林草原灾害防控。加强森林草原火险预警监测，强化火源管控和监督检查，完善应急预案，加强防扑火能力建设，努力形成科学高效的综合防控体系，实现森林、草原火灾的有效预防和安全扑救。加强林业草原有害生物监测预警、检疫御灾和防控减灾，落实重大林业草原有害生物防治责任，着力抓好松材线虫病、美国白蛾、鼠（兔）害等重大林业和草原有害生物防治，努力减少灾害损失。着力抓好重大沙尘暴灾害应急处置工作，强化监测、预警工作，最大限度地减少人民群众生命和财产损失。

（五）加大古树名木保护力度。摸清全国古树名木资源，及时掌握资源变化情况。加强古树名木认定、登记、建档、公布和挂牌保护，建立古树名木资源电子档案，启动古树名木公园建设。加强古树名木保护管理，明确管理部门，层层落实管理责任。探索划定古树名木保护红线，严禁破坏古树名木及其自然生境。科学制定日常养护方案，落实管护责任。开展古树名木抢救复壮，对濒危的古树名木，要及时组织专业技术力量，采取地上环境综合治理、地下土壤改良、树洞防腐修补、树体支撑加固等措施，逐步恢复其长势。

六、完善政策机制，培育国土绿化新动能

（一）合理安排公共财政投入。按照"政府主导、社会参与"的原

则，合理安排公共财政投入，逐步完善营造林种草补助和森林抚育补助政策，合理调整补助标准，探索实行先造后补、以奖代补、贷款贴息、购买服务、以地换绿等多种方式，推进造林、抚育、管护等任务由各类社会主体承担，引导国企、民企、外企、集体、个人、社会组织等各方面资金投入。落实好新一轮草原生态保护补奖政策，保障大规模国土绿化行动稳定有序推进。

（二）完善金融支持政策。加大金融创新力度，开发林业金融产品。开发性、政策性金融机构在业务范围内，根据职能定位为国土绿化行动提供信贷支持。推广以林权抵押为信用结构，企业自主经营，以项目现金流作为还款来源，不增加地方政府债务的融资模式。探索运用企业债券、投资基金等新型融资工具，多渠道筹措建设资金。加强国土绿化项目融资监管，健全风险防控机制，严禁各类违法违规举债、担保等行为。加快建立森林资源资产评估制度、担保贷款体系、林权交易流转平台，完善森林保险制度，增强抵御自然和市场风险能力。鼓励林业碳汇项目参与温室气体自愿减排交易。

（三）创新森林采伐和林地管理机制。鼓励各地科学开展人工商品林采伐，合理确定主伐年龄，简化管理环节，全面推行采伐公示制度，优先满足采伐指标需求。对社会资本利用荒山荒地集中连片进行植树造林，以及开展荒漠化、沙化、石漠化等生态脆弱区综合治理的，在保障生态效益的前提下，允许利用一定比例的土地发展林下经济、生态观光旅游、森林康养、养生养老等环境友好型产业，并依法办理建设用地审批手续。

七、强化保障措施，促进国土绿化科学健康发展

（一）加强组织领导。各地区要将大规模国土绿化纳入当地经济和社会发展规划、国土空间规划，落实领导干部任期国土绿化目标责任制，把国土绿化工作目标纳入地方政府年度考核评价体系。要大力推行"林长制"，建立省、市、县、乡、村五级林长制体系，形成党政领导挂帅、部门齐抓共管、社会广泛参与的新格局。完善表彰激励机制，对超额完成造林绿化任务的省份，国家在任务安排上予以适当倾斜，对国土绿化做出重大贡献的杰出个人、集体和其他造林主体，按照有关规定予以表彰。各部门（系统）要坚持并不断完善部门绿化分工负责制，科学制定绿化规划，分解落实好各项绿化任务，将绿化工作责任纳入部门（系统）工作目标体系，做到与部门（系统）工作目标同部署、同推进、同考核。要进一步加强各级绿委办机构建设，配备专职管理人员和技术人员，安排必要的工作和绿化经费，提供必要的工作保障。强化乡镇林业工作站建设，提升林业基层公共管理服务能力。

（二）培育使用优质种苗。抓好种苗生产基地建设。强化现有良种基地管理，加快良种基地树种结构调整，建立"产、研、管"相结合的运行机制。抓紧划定一批国土绿化急需的乡土、珍贵、生态、景观树种以及优质饲草的采种基地。全面开展种质资源普查，推进种质资源保护、评价和利用。合理确定一批保障性苗圃，解决苗木市场"供需失灵"问题。做好种苗生产与需求衔接。加强种苗生产与供应的引导，开展造林绿化对种苗需求的预测预报。充分发挥各级种苗交易市场的作用，充分运用"互联网＋种苗"，打造一批线上线下种苗交易和信息平台，拓宽种苗供求交易和信息渠道，促进种苗生产与需求有效对接。强化种苗使用环节的管理。遵循适地适树适种源原则，提倡就近采购苗木造林种草，优先使用包衣种子、轻基质容器苗。完善种苗招投标机制，杜绝"唯价格"采购种苗。造林种草作业设计要明确良种使用和种苗质量要求，并将其作为检查验收的重要内容，实行一票否决。加强种苗市场监管。加快制修订与种子法相配套的法规和标准，完善种苗法律法规和标准体系。加大种苗执法力度，建立执法检查和质量监督通报制度，严厉打击生产销售假冒伪劣种苗行为。加强对种苗生产、流通、使用全过程质量监督，严禁使用无证无签苗，严把造林种草种苗质量关。

（三）强化科技支撑。严格坚持规划设计、适地适树、合理密度、科学栽植等营造林基本技术规则，充分依靠自然力量，坚持自然修复与人工修复相结合，加大封山育林育草比重。根据水资源承载力科学确定生态修复模式，大力发展节水林业，开发云水资源，积极推广运用乡土树种。要加强困难立地造林、混交林营造、珍贵树种培育、能源林培育、名特优经济林栽培等技术攻关，大力推广节水抗旱造林、测土配方施肥等实用技术。扎实推进标准化建设，紧密结合科技创新取得的新成果、新技术，建立健全国家标准、行业标准、地方标准相互配套的营造林技术标准体系，努力提高标准化和规范化水平。加强信息化建设，运用现代信息新技术，依托"互联网＋"，加强造林绿化精细化管理，不断提升国土绿化科学管理水平。加强科技队伍建设，健全科技推广服务体系，抓好技术培训，强化指导服务，提高国土绿化科技支撑能力。

（四）加大宣传力度。各地区、各部门（系统）要进一步加大国土绿化宣传动员力度，充分利用电视、电台、报刊等传统媒介和网站、微信、微博等新兴传媒，开展全方位、大力度、高频次的宣传，重点宣传推进大规模国土绿化的重要意义、总体思路、目标任务、政策措施等。充分发挥全国绿化先进集体、劳动模范、先进工作者和全国绿化模范单位、全国绿化奖章评选表彰的典型示范作用，用先进典型示范带动国土绿化事业发展。大力弘扬塞罕坝精神，引导社会各界积极投身大规模国土绿化行动，凝聚起建设美丽中国的强大合力。

各地区、各部门（系统）要认真落实本意见精神，结合实际研究制定实施方案，抓紧出台开展大规模国土绿化行动的具体政策措施，明确责任分工和时间进度要求，确保各项工作举措和要求落实到位，持续深入开展大规模国土绿化行动，切实提升国土绿化总体水平。

附录三 国家林业和草原局关于印发《乡村绿化美化行动方案》的通知

国家林业和草原局关于印发 《乡村绿化美化行动方案》 的通知

林生发〔2019〕33 号

各省、自治区、直辖市林业和草原主管部门，新疆生产建设兵团林业和草原主管部门：

为认真贯彻中央关于实施乡村振兴战略和农村人居环境整治的决策部署，深入落实《乡村振兴战略规划（2018—2022 年)》和《农村人居环境整治三年行动方案》要求，大力推进乡村绿化美化，不断改善提升村容村貌，积极建设美丽宜居乡村，我局研究制定了《乡村绿化美化行动方案》（见附件）。现印发给你们，请结合本地实际，抓好组织落实。

乡村绿化美化行动方案

开展乡村绿化美化，是实施乡村振兴战略、推进农村人居环境整治的重要内容，事关全面建成小康社会和农村生态文明建设。近年来，各地认真贯彻党中央、国务院决策部署，把乡村绿化美化作为改善农村人居环境的重要抓手，取得了明显成效。同时，乡村绿化美化发展还很不平衡，一些地区还存在乡村绿化总量不足、质量不高的问题，与农民群众期盼的优美生态环境还有较大差距，仍然是乡村生态建设的突出短板。为进一步加快推进乡村绿化美化，不断改善提升村容村貌，积极建设美丽宜居乡村，特制定本方案。

一、总体要求

（一）指导思想。全面贯彻党的十九大精神，以习近平新时代中国特色社会主义思想为指导，牢固树立新发展理念，落实高质量发展要求，紧紧围绕统筹推进"五位一体"总体布局和协调推进"四个全面"战略布局，按照产业兴旺、生态宜居、乡风文明、治理有效、生活富裕总要求，坚持以人民为中心，以改善乡村人居环境为目标，全面保护乡村绿化成果，持续增加乡村绿化总量，着力提升乡村绿化美化质量，促进绿水青山转化为金山银山，努力建设"村美、业兴、家富、人和"的生态宜居美丽乡村。

（二）基本原则

1. 因地制宜、突出特色。根据乡村地理位置、自然禀赋、生态环境状况、产业发展需求等不同情况，因地制宜，因势利导，瞄准乡村绿化突出短板，一村一策，缺什么补什么。避免发展模式趋同化、建设标准"一刀切"。

2. 保护优先、留住乡愁。保护乡村地形地貌、水系水体、林草植被等自然生态资源，慎砍树、禁挖山、不填湖、少拆房。注重乡土味道，保护乡情美景，维护自然生态的原真性和完整性，综合提升乡村山水林田湖草自然风貌，突出乡村特色和田园风光。

3. 量力而行、循序渐进。充分考虑乡村发展基础，尊重村民意愿，按照乡村建设规律，先易后难、先点后面，分步有序推进乡村绿化美化。量力而行、尽力而为，科学合理确定乡村绿化美化的目标、重点、任务和标准。

4. 政府引导、多方参与。坚持在各级党委政府领导下，以村为单位组织实施，动员村民自己动手，自觉投身乡村绿化美化行动。发挥市场配置资源的决定性作用和政府调控引导作用，鼓励和引导社会资本积极参与乡村绿化美化。

（三）行动目标。到 2020 年，建成 20 000 个特色鲜明、美丽宜居的国家森林乡村和一批地方森林乡村，建设一批全国乡村绿化美化示范县，乡村绿化美化持续推进，森林乡村建设扎实开展，乡村自然生态得到有效保护，绿化总量持续增加，生态系统质量不断提高，村容村貌明显提升，农村人居环境明显改善。

二、行动内容

（一）保护乡村自然生态。结合古村落、古建筑、名人古迹等保护，依据地形地貌，加强护村林、风水林、景观林保护，促进人文景观与自然景观的和谐统一。加强乡村原生林草植被、自然景观、小微湿地等自然生境及野生动植物栖息地保护，全面保护乡村自然生态系统的原真性和完整性。加强古树名木保护，明确责任主体，落实管护责任。对古树名木、风水林、珍贵树种等进行挂牌保护。对濒危和长势衰弱的古树名木，及时开展抢救复壮工作。发挥生态护林员、草原管护员的巡护作用，落实巡护责任，抓好林草火源监管和重大病虫害灾情报告，及时组织除治，减少灾害损失。

（二）增加乡村生态绿量。因地制宜开展环村林、护路林、护岸林、风景林、游憩林、康养林、水源涵养林、水土保持林、防风固沙林、农田（牧场）林网等建设。推进乡村绿道建设，有条件的地方可依托地形地貌，将农田、果园、山地、森林、草原、湿地、古村、遗址等特色景观联成一体，构建布局合理、配套完善、人文丰富、景观多样的乡村绿道网。开展乡村裸露山体、采石取土创面、矿山废弃地、重金属污染地等绿化美化。利用边角地、空闲地、撂荒地、拆违地等，开展村庄绿化美化，建设一批供村民休闲娱乐的小微绿化公园、公共绿地。开展庭院绿化，见缝插绿，有条件的可开展立体绿化，乔、灌、草、花、藤多层次绿化，提升庭院绿化水平。慎用外来树种集中连片造林，鼓励使用乡土树种开展乡村绿化美化，防止"奢侈化、媚外化"等违背自然规律和经济规律的做法。

（三）提升乡村绿化质量。要科学开展乡村绿化美化，坚持以水定绿、适地适树。积极推广使用良种壮苗，优先使用保障性苗圃培育的苗木开展乡村绿化。重视种源和遗传品质，造林用种用苗必须具备"两证一签"。做好绿化苗木供需衔接，避免长距离调运种苗。鼓励营造混交林。加强造林后期管护，确保成活成林见效。对村庄周边缺株断带、林相残破的河流公路两侧林带、环村林带、农田林网等进行补植修护，构建完整的村庄森林防护屏障。对生长不良、防护功能低下的退化防护林，实施修复改造，提升防护林网功能质量。对成过熟林、枯死林木进行更新改造，优化防护林网结构，提升防护林网、林带生态功能。对乡村范围内的中幼龄林，及时进行抚育间伐，利用林间空地补植乡土珍贵树种，促进天然更新，优化森林结构，培育健康稳定的多功能森林，构建优美森林生态景观，让广大人民群众亲近森林、感知森林、享受森林。

（四）发展绿色生态产业。将乡村绿化美化与林草产业发展相结合，因地制宜培育林草产业品牌，提升林草产业品质，推进一二三产业融合发展，带动乡村林草产业振兴，实现林草产业富民。做好"特"字文章，结合地方传统习惯，发展具有区域优势的珍贵树种用材林及干鲜果、中药材、木本油料等特色经济林。推广林草、林花、林菜、林菌、林药、林禽、林蜂等林下经济发展模式，培育农业专业合作社、家庭林场等新型经营主体，推进林产品深加工，提高产品附加值。依托乡村绿色生态资源，用好古村落民居、民俗风情、名人古迹、古树名木、乡村绿道等人文和自然景观资源，大力发展森林观光、林果采摘、森林康养、森林人家、乡村民宿等乡村旅游休闲观光项目，带动农民致富增收。

三、推进实施

（一）制定工作方案。各省级林业和草原主管部门要结合本地实际，制定省级行动方案，指导乡村绿化美化工作。各县（含市、区、旗，下同）制定具体工作方案，摸清底数、梳理问题，坚持问题导向，明确县域内乡村绿化美化的内容、任务、标准,将任务落实到行政村,并以行政村为单位建立工作台账,明确专人负责。

(二)加强宣传发动。各地要充分利用报刊、广播、电视等新闻媒体和网络新媒体,广泛宣传乡村绿化美化行动的重大意义,推广好典型、好经验、好做法;利用生态科普栏等形式,宣传生态文明理念,解读乡村振兴政策,提高村民知晓度和参与度,努力营造全社会关心支持乡村绿化美化行动的良好氛围。

(三)开展典型示范。2019年国家林业和草原局将启动开展国家森林乡村、乡村绿化美化示范县建设工作。各地要结合本地实际开展地方森林乡村建设。通过试点示范,总结提炼出一批乡村绿化美化成功经验,形成一批能复制、可学习、可推广的成熟技术、建设方式和管护机制。

(四)持续稳步推进。开展乡村绿化美化行动,改善提升村容村貌,整治农村人居环境,建设美丽宜居乡村,既是当前的重点工作,也是一项长期任务。要分阶段部署、分年度实施,扎实推进、久久为功。各地要针对突出问题,结合本地实际和传统习俗,根据乡村生态保护修复和林草产业发展需要,由易到难、有序推进,推动乡村绿化美化工作常态化。要坚持因地制宜、实事求是、量力而行、尽力而为,科学节俭开展乡村绿化美化。自然条件好、气候条件适宜、树种资源丰富的地区,要加快乡村绿化美化进程。有条件的地方要着力提升乡村绿化美化水平,创建更多美丽宜居的森林乡村。干旱地区要坚持以水定绿、量水而行,根据水资源承载能力,科学确定林草比重,宜乔则乔、宜灌则灌、宜草则草,逐步提高生态宜居水平。

四、保障措施

(一)加强组织领导。各地要将乡村绿化美化作为实施乡村振兴战略、农村人居环境整治的重要措施,在各级党委政府领导下,统筹推进乡村绿化美化行动各项任务。各级林业和草原主管部门要发挥好牵头部门的作用。国家林业和草原局将对乡村绿化美化工作开展措施有力、成效突出的县进行通报表扬，重点宣传。省级林业和草原主管部门要加强政策支持和督促指导。县级林业和草原主管部门要切实抓好组织实施。

（二）强化责任落实。完善"中央部署、省负总责、市县抓落实、乡村抓实施"的工作机制。县级林业和草原主管部门要促请党委政府将乡村绿化美化工作纳入重要议事日程，列入实施乡村振兴战略、农村人居环境整治综合评价考核范围；落实各相关职能部门的工作分工和责任清单。指导乡镇党委政府负责辖区的乡村绿化美化行动，切实抓好组织实施和督导检查。充分发挥村党支部村委会的战斗堡垒作用和党员干部模范带头作用，发动群众、组织群众，确保乡村绿化美化各项任务落到实处。

（三）完善政策机制。各地要认真贯彻落实 2019 年中央 1 号文件精神，加大各类资金投入力度，支持乡村绿化美化。要落实乡村振兴战略规划和相关政策，结合现有林草工程，通过民办公助、以奖代补、先造后补、筹资筹劳、以工代赈等形式，引导支持村集体和农民自主实施乡村绿化美化。推进乡村绿化美化成果共建共享，鼓励各地依托乡村绿色生态资源发展乡村旅游休闲观光等项目，吸引社会力量和社会资本参与乡村绿化美化。

（四）确保建设成效。引导和鼓励大专院校、科研机构、科技人员下乡指导编制乡村绿化美化规划设计，以建立科技示范点、技术承包、技术培训、送科技下乡等形式，加强乡村绿化美化技术指导服务，提高乡村绿化美化成效。弘扬生态文明新风，制定完善乡规民约，树立良好的村风村貌、家风家训，营造植绿爱绿护绿的良好风尚，提高村民生态保护意识，巩固乡村绿化美化成果。

附录四 《天然林保护修复制度方案》

《天然林保护修复制度方案》

天然林是森林资源的主体和精华，是自然界中群落最稳定、生物多样性最丰富的陆地生态系统。全面保护天然林，对于建设生态文明和美丽中国、实现中华民族永续发展具有重大意义。1998 年，党中央、国务院在长江上游、黄河上中游地区及东北、内蒙古等重点国有林区启动实施了天然林资源保护工程，标志着我国林业从以木材生产为主向以生态建设为主转变。20 多年来特别是党的十八大以来，我国不断加大天然林保护力度，全面停止天然林商业性采伐，实现了全面保护天然林的历史性转折，取得了举世瞩目的成就。同时，我国天然林数量少、质量差、生态系统脆弱，保护制度不健全、管护水平低等问题仍然存在。为贯彻落实党中央、国务院关于完善天然林保护制度的重大决策部署，用最严格制度、最严密法治保护修复天然林，现提出如下方案。

一、总体要求

（一）指导思想。以习近平新时代中国特色社会主义思想为指导，全面贯彻党的十九大和十九届二中、三中全会精神，紧紧围绕统筹推进"五位一体"总体布局和协调推进"四个全面"战略布局，牢固树立"绿水青山就是金山银山"理念，建立全面保护、系统恢复、用途管控、权责明确的天然林保护修复制度体系，维护天然林生态系统的原真性、完整性，促进人与自然和谐共生，不断满足人民群众日益增长的优美生态环境需要，为建设社会主义现代化强国、实现中华民族伟大复兴的中国梦奠定良好生态基础。

188

（二）基本原则

——坚持全面保护，突出重点。采取严格科学的保护措施，把所有天然林都保护起来。根据生态区位重要性、物种珍稀性等多种因素，确定天然林保护重点区域。实行天然林保护与公益林管理并轨，加快构建以天然林为主体的健康稳定的森林生态系统。

——坚持尊重自然，科学修复。遵循天然林演替规律，以自然恢复为主、人工促进为辅，保育并举，改善天然林分结构，注重培育乡土树种，提高森林质量，统筹山水林田湖草治理，全面提升生态服务功能。

——坚持生态为民，保障民生。积极推进国有林区转型发展，保障护林员待遇，保障林权权利人和经营主体的合法权益，确保广大林区职工和林农与全国人民同步进入全面小康社会。

——坚持政府主导，社会参与。地方各级政府承担天然林保护修复主体责任，引导和鼓励社会主体积极参与，林权权利人和经营主体依法尽责，形成全社会共抓天然林保护的新格局。

（三）目标任务。加快完善天然林保护修复制度体系，确保天然林面积逐步增加、质量持续提高、功能稳步提升。

到 2020 年，1.3 亿公顷天然乔木林和 0.68 亿公顷天然灌木林地、未成林封育地、疏林地得到有效管护，基本建立天然林保护修复法律制度体系、政策保障体系、技术标准体系和监督评价体系。

到 2035 年，天然林面积保有量稳定在 2 亿公顷左右，质量实现根本好转，天然林生态系统得到有效恢复、生物多样性得到科学保护、生态承载力显著提高，为美丽中国目标基本实现提供有力支撑。

到 21 世纪中叶，全面建成以天然林为主体的健康稳定、布局合理、功能完备的森林生态系统，满足人民群众对优质生态产品、优美生态环境和丰富林产品的需求，为建设社会主义现代化强国打下坚实生态基础。

二、完善天然林管护制度

（四）确定天然林保护重点区域。对全国所有天然林实行保护，禁止毁林开垦、将天然林改造为人工林以及其他破坏天然林及其生态环境的行为。依据国土空间规划划定的生态保护红线以及生态区位重要性、自然恢复能力、生态脆弱性、物种珍稀性等指标，确定天然林保护重点区域，分区施策，分别采取封禁管理，自然恢复为主、人工促进为辅或其他复合生态修复措施。

（五）全面落实天然林保护责任。省级政府负责落实国家天然林保护修复政策，将天然林保护和修复目标任务纳入经济社会发展规划，按目标、任务、资金、责任"四到省"要求认真组织实施。建立地方政府天然林保护行政首长负责制和目标责任考核制，通过制定天然林保护规划、实施方案，逐级分解落实天然林保护责任和修复任务。天然林保护修复实行管护责任协议书制度。森林经营单位和其他林权权利人、经营主体按协议具体落实其经营管护区域内的天然林保护修复任务。

（六）加强天然林管护能力建设。完善天然林管护体系，加强天然林管护站点等建设，提高管护效率和应急处理能力。充分运用高新技术，构建全方位、多角度、高效运转、天地一体的天然林管护网络，实现天然林保护相关信息获取全面、共享充分、更新及时。健全天然林防火监测预警体系，加强天然林有害生物监测、预报、防治工作。结合精准扶贫扩大天然林护林员队伍，建立天然林管护人员培训制度。加强天然林区居民和社区共同参与天然林管护机制建设。

三、建立天然林用途管制制度

（七）建立天然林休养生息制度。全面停止天然林商业性采伐。对纳入保护重点区域的天然林，除森林病虫害防治、森林防火等维护天然林生态系统健康的必要措施外，禁止其他一切生产经营活动。开展天然林抚育作业的，必须编制作业设计，经林业主管部门审查批准后实施。依托国家储备林基地建设，培育大径材和珍贵树种，维护国家木材安全。

（八）严管天然林地占用。严格控制天然林地转为其他用途，除国

190

防建设、国家重大工程项目建设特殊需要外，禁止占用保护重点区域的天然林地。在不破坏地表植被、不影响生物多样性保护前提下，可在天然林地适度发展生态旅游、休闲康养、特色种植养殖等产业。

四、健全天然林修复制度

（九）建立退化天然林修复制度。根据天然林演替规律和发育阶段，科学实施修复措施，遏制天然林分继续退化。编制天然林修复作业设计，开展修复质量评价，规范天然林保护修复档案管理。对于稀疏退化的天然林，开展人工促进、天然更新等措施，加快森林正向演替，逐步使天然次生林、退化次生林等生态系统恢复到一定的功能水平，最终达到自我持续状态。强化天然中幼林抚育，调整林木竞争关系，促进形成地带性顶级群落。加强生态廊道建设。鼓励在废弃矿山、荒山荒地上逐步恢复天然植被。

（十）强化天然林修复科技支撑。组织开展天然林生长演替规律、退化天然林生态功能恢复、不同类型天然林保育和适应性经营、抚育性采伐等基础理论和关键技术科研攻关，加强对更替、择伐、渐进、封育尤其是促进复壮等天然林修复方式的研究和示范。加快天然林保护修复科技成果转移转化，开展技术集成与推广，加快天然林保护修复技术标准体系建设。大力开展天然林保护修复国际合作交流，积极引进国外先进理念和技术。

（十一）完善天然林保护修复效益监测评估制度。制定天然林保护修复效益监测评估技术规程，逐步完善骨干监测站建设，指导基础监测站提升监测能力。定期发布全国和地方天然林保护修复效益监测评估报告。建立全国天然林数据库。

五、落实天然林保护修复监管制度

（十二）完善天然林保护修复监管体制。加强天然林资源保护修复成效考核监督，加大天然林保护年度核查力度，实行绩效管理。将天然林保护修复成效列入领导干部自然资源资产离任审计事项，作为地方党委和政府及领导干部综合评价的重要参考。强化舆论监督，发动群众防控天然林灾害事件，设立险情举报专线和公众号，制定奖励措施。对破坏天然林、损害社会公共利益的行为，可以依法提起民事公益诉讼。

（十三）建立天然林保护修复责任追究制。强化天然林保护修复责任追究，建立天然林资源损害责任终身追究制。对落实天然林保护政策和部署不力、盲目决策，造成严重后果的；对天然林保护修复不担当、不作为，造成严重后果的；对破坏天然林资源事件处置不力、整改执行不到位，造成重大影响的，依规依纪依法严肃问责。

六、完善支持政策

（十四）加强天然林保护修复基础设施建设。统筹安排国有林区林场管护用房、供电、饮水、通信等基础设施建设，积极推进国有林区林场道路建设。加强森林管护、森林防火、有害生物防治等方面现代化基础设施和装备建设。加大对天然林保护公益林建设和后备资源培育的支持力度。

（十五）完善天然林保护修复财政支持等政策。统一天然林管护与国家级公益林补偿政策。对集体和个人所有的天然商品林，中央财政继续安排停伐管护补助。逐步加大对天然林抚育的财政支持力度。完善天然林资源保护工程社会保险、政策性社会性支出、停伐及相关改革奖励等补助政策。优化调整支出结构，强化预算绩效管理。推进重点国有林区改革，加快剥离办社会职能，落实重点国有林区金融机构债务处理政策。调整完善森林保险制度。

（十六）探索天然林保护修复多元化投入机制。探索通过森林认证、碳汇交易等方式，多渠道筹措天然林保护修复资金。鼓励社会公益组织参与天然林保护修复。鼓励公民、法人和其他组织通过捐赠、资助、认养、志愿服务等方式，从事天然林保护公益事业。鼓励地方探索重要生态区位天然商品林赎买制度。

七、强化实施保障

（十七）切实加强党对天然林保护修复工作的领导。天然林保护是生态文明建设中一项具有根本性、全局性、关键性的重大任务，地方各级党委和政府必须把天然林保护摆到突出位置，强化总体设计和组织领导。切实加强天然林保护修复机构队伍建设，保障天然林保护修复和管理经费。国务院林业主管部门牵头协调组织各有关部门研究解决天然林保护修复出现的新情况新问题，重大问题及时向党中央、国务院报告。

（十八）完善天然林保护法律制度。健全天然林保护修复法律法规，研究制定天然林保护条例。各地应当结合本地实际，制定天然林保护地方性法规、规章；已经出台天然林保护地方性法规、规章的，要根据本方案精神，做好修订工作，用最严格制度、最严密法治保护天然林资源。

（十九）编制天然林保护修复规划。继续实施好天然林资源保护二期工程，全面总结评估天然林资源保护二期工程实施方案执行情况。研究编制全国天然林保护修复中长期规划，提出天然林保护阶段性目标、任务，进一步完善天然林保护政策和措施。各省级政府组织编制天然林保护修复规划，市、县级政府组织编制天然林保护修复实施方案，明确本行政区域天然林保护范围、目标和举措。经批准的天然林保护修复规划、实施方案不得擅自变更。编制或者修订天然林保护修复规划、实施方案应当公示，必要时应当举行听证。

（二十）提高全社会天然林保护意识。天然林保护是广大人民群众共同参与、共同建设、共同受益的事业，是一项长期任务，要一代代抓下去。鼓励和引导群众通过订立乡规民约、开展公益活动等方式，培育爱林护林的生态道德和行为准则。加强天然林保护科普宣传教育，充分利用互联网等各种媒体，提高公众对天然林生态、社会、文化、经济价值的认识，形成全社会共同保护天然林的良好氛围。按照国家有关规定，对在天然林保护管理事业中做出显著成绩的单位和个人给予表彰奖励。

附录五　国家林业和草原局关于全面推进林业法治建设的实施意见（2019 年修改版）

国家林业局关于全面推进林业法治建设的实施意见

林策发〔2016〕155 号

各省、自治区、直辖市林业厅（局），内蒙古、吉林、龙江、大兴安岭、长白山森工（林业）集团公司，新疆生产建设兵团林业局，国家林业局各司局、各直属单位：

林业法治建设是我国社会主义法治建设的重要组成部分，是林业治理体系和治理能力现代化的集中体现。为全面提升林业改革发展水平，创新林业体制机制，开创林业现代化建设新局面，根据《中共中央关于全面推进依法治国若干重大问题的决定》《中共中央国务院关于印发〈法治政府建设实施纲要（2015—2020 年）〉的通知》精神，结合林业实际，现就全面推进林业法治建设提出如下实施意见。

一、深刻认识全面推进林业法治建设的重大意义

（一）全面推进林业法治建设是坚持全面依法治国、建设法治政府的必然要求。党的十八大把法治政府基本建成确立为全面建成小康社会的重要目标之一。党的十八届二中、三中、四中、五中全会都对加快法治建设提出了新要求，作出了新部署，并将其提升到实现国家治理体系和治理能力现代化重大举措的战略高度。林业法治建设是全面依法治国的有机组成部分，是法治政府建设在林业领域的具体体现。推进林业法治建设，是落实党中央"四个全面"战略布局，切实贯彻创新、协调、绿色、开放、共享五大发展理念，全面推进依法治国的必然要求。

194

（二）全面推进林业法治建设是加快推进生态文明建设的迫切需求。党的十八大将生态文明建设写进党章，纳入中国特色社会主义事业"五位一体"总体布局。林业在生态文明建设中具有重要地位。加强森林、野生动植物、湿地、荒漠等资源的保护，守住生态红线，用严格的法律制度保护生态环境，加快建立促进绿色发展的生态文明法律制度，必须推进林业法治建设，为生态文明建设提供强有力的法治保障。

（三）全面推进林业法治建设是加快深化林业改革的重要保障。党的十八届四中全会决定明确提出，实现立法和改革决策相衔接，做到重大改革于法有据、立法主动适应改革和经济社会发展需要。当前，林业改革进入了攻坚期和深水区，要着力解决制约林业发展的深层次问题，破解林业改革发展难题，扫清推进林业改革发展中的制度障碍，充分发挥法治引导、推动、规范、保障改革的作用，必须推进林业法治建设。

二、全面推进林业法治建设的指导思想和目标

（四）指导思想。全面贯彻党的十八大和十八届二中、三中、四中、五中全会精神，深入贯彻习近平总书记系列重要讲话精神，紧紧围绕全面推进依法治国的总目标，落实《法治政府建设实施纲要（2015—2020年）》的总体要求，大力推进林业法治建设，全面提升林业法治水平和依法行政能力，为林业现代化建设提供有力的法治保障。

（五）基本目标。到 2020 年要基本实现以下林业法治建设目标：法律法规体系完备，立法质量明显提高；行政权力依法设置，决策机制科学民主法治；执法严格规范公正文明，执法监督制度健全；涉林纠纷有效化解，依法维护合法权益；法制工作机构健全，法制队伍整体素质增强；法律意识更加坚定，法治思维和依法办事能力显著提升。

三、推动林业立法，发挥立法引领和规范作用

（六）完善林业法律体系。加强重点领域立法，强化林业立法与林业改革决策的衔接，主动适应林业全面深化改革需要，在研究林业重大

规划、改革方案和改革措施时，统筹考虑涉及的立法问题，确保重大改革于法有据。以修订森林法、制定湿地保护条例等为重点，着力完善覆盖森林、湿地、荒漠生态系统和生物多样性的林业法律法规体系。根据法律和国务院的行政法规、决定和命令，制定修订规章，细化上位法的规定，增强上位法的可操作性。法律明确要求制定配套规章的，应当自法律施行之日起一年内作出。地方林业主管部门根据国家林业立法的重点，结合地方林业实际，推动地方林业立法工作。充分发挥设区的市林业主管部门在地方立法中的重要作用，进行有地方特色的立法探索。

（七）健全林业立法机制。完善林业立法程序，健全林业立法立项、起草、论证、协调、审议机制，推进立法工作精细化。开展林业法律法规体系框架的统筹研究，根据国家层面确定的林业立法重点项目，科学制定林业立法长远规划和年度工作计划。增强立法年度工作计划的执行力，优先着手推动纳入工作计划的立法项目；对未完成的立法项目，起草单位应当予以专门说明。完善立法项目公开征集和论证工作，向社会公开征集立法项目建议。探索建立委托科研院所、专家学者等作为第三方起草林业法律法规草案的制度。建立对部门规章与法律、行政法规之间协调性的定期审查制度，审查后及时公布继续有效、废止或者失效的部门规章目录；修订的部门规章，应当公布新的法律文本。公民、法人或者其他组织对规章提出异议的，林业主管部门应当依法及时研究处理。探索建立立法后评估制度，开展法律、法规、规章成本效益分析和实施情况评估工作。

（八）提高林业立法质量。坚持科学立法、民主立法。起草法律法规和规章，要符合宪法精神，遵循立法相关规定，立法草案尽量做到全面、明晰、具体，具有可操作性。没有法律法规依据，规章不得作出减损公民、法人和其他组织合法权益或者增加其义务的规定。立法要坚持问题导向，从林业实际出发，深入基层，充分听取意见，探索符合林业立法工作特点的调研方法。建立林业基层立法联系点，畅通和基层林业单位、林业生产者与经营者、林业工作者的联系渠道，使立法具有坚实的群众基础，简化民意上达环节，及时反馈立法或者执法中的问题。建立法律法规规章起草征求人大代表、政协委员意见制度。建立林业法律专家库，充分发挥专家、学者在立法过程中的作用，重要的林业法律法规草案必须经专家论证后，方可提交审查。法律法规规章草案应当依法向社会公开征求意见，征求意见期限不少于 30 日。探索建立对公众意见采纳情况的说明与反馈机制，提高公众参与立法的积极性。做好对规章的立法解释、对法律法规适用的行政解释工作。

四、规范林业主管部门职能，建立科学民主法治决策机制

（九）依法全面履行林业主管部门职责。林业主管部门要坚持法定职责必须为、法无授权不可为的原则，明确行政权力，确保履行政府职能不缺位、不越位、不错位。凡是公民、法人和其他组织能够自行管理或者市场机制能够自行调节以及行业组织或者中介机构通过自律能够解决的事项，不应通过行政管理方式解决。建立健全权力清单和责任清单制度并实施动态管理。将林业主管部门职能、法律依据、实施主体、职责权限、管理流程、监督方式等事项以权力清单的形式向社会公开，全面厘清林业主管部门权力，建立与行政权力相对应的责任事项、责任主体、责任方式，坚决消除权力设租寻租空间。

（十）建立健全林业重大行政决策机制。审议林业中长期规划、总体规划和专项规划，制定林业改革措施，起草规范性文件，安排林业重大工程项目等，应当列为重大行政决策事项范围。建立重大行政决策内部合法性审查、集体讨论决定机制。未经合法性审查或者合法性审查不合格的，不得提交集体讨论。林业主管部门法制工作机构负责对重大行政决策的合法性审查，要充分发挥法制工作机构在重大决策中的审核把关作用。涉及林业改革发展大局和涉及群众切身利益的，还应当广泛听取专家和社会公众的意见。建立重大行政决策风险评估、跟踪反馈和责任追究制度。作出的重大行政决策与生态环境和林业资源方面政策、法律法规相违背的，应当追究林业主管部门相关领导成员的责任。对违背科学发展要求、造成生态环境和林业资源严重破坏的，实行生态环境损害责任终身追究制。各级林业主管部门要积极参与、主动配合对领导干部开展的自然资源资产离任审计。

（十一）加强林业规范性文件管理。完善规范性文件制定程序。加强规范性文件合法性审查，规范性文件不得创设行政强制、行政处罚、行政许可、行政收费及其他越权事项；不得与法律法规规章相抵触；不得违背公平竞争和商事制度改革原则；不得作出损害行政管理相对人权利或者增加其义务的规定。加强规范性文件前期调研，充分听取各级林业主管部门和利益相关人的意见。逐步建立规范性文件公开征求意见制度。建立健全规范性文件有效期制度，有效期限应当在文件中明确标注；没有有效期的规范性文件，应当予以清理并按照规定重新发布。建立规范性文件统一登记、统一编号、统一发布制度。未经公布的规范性文件，不得作为行政管理依据。建立现行有效的规范性文件目录清单制度，开展规范性文件定期清理和专项清理。建立和完善林业规范性文件数据库，保持数据库及时更新。健全公民、法人或者其他组织提请审查制度。探索开展规范性文件后评估工作。

（十二）推进林业行政审批制度改革。行政许可事项实行清单管理，严格控制新设行政许可事项。开展行政许可标准化建设，对保留的行政许可事项，应当明确审批标准、申请条件和材料，公开审批流程、依据和服务指南，进一步压缩行政许可材料和精简行政许可程序；一个行政许可事项涉及林业主管部门多个机构的，应当统一受理，联合审批，加快推进相对集中行政许可权工作；推行一个窗口受理、限时办理和网上办理，落实办理时限承诺制，以标准化促规范化。定期评估行政许可项目，开展行政许可满意度评价，加强行政许可事中事后监管。全面推进"双随机、一公开"监管，建立随机抽查事项清单、检查对象名录库和执法检查人员名录库，制定随机抽查工作细则。切实加强取消下放行政许可事项的后续监管和衔接，确保不出现管理真空。严格规范行政审批中介服务，破除行业垄断，切断利益关联。

（十三）推进林业主管部门政务信息公开。严格执行政府信息公开条例，坚持以公开为常态、不公开为例外原则，推进林业决策公开、执行公开、管理公开、服务公开、结果公开。确定一个机构统一负责受理信息公开申请、答复和政务信息保密审查工作。重点建立惠林政策、重大林业基本建设投资项目、财政预算、行政执法、行政许可等领域的信息主动公开制度。充分利用政府部门网站、新闻发布会、政务微博微信等形式发布信息、解读政策。健全突发事件信息发布机制，及时回应社会关切。推进林业政务公开信息化，提高林业政务服务水平。

五、深化林业行政执法体制改革，严格规范公正文明执法

（十四）推进林业综合行政执法。各级林业主管部门应当结合本地实际，推动林业综合执法机构以林业主管部门名义统一行使林业行政处罚权。鼓励实施以森林公安机关为主统一行使林业行政处罚权的林业综合行政执法模式。试点推行跨部门综合执法的地方，应当确保林业资源得到有效保护，违法行为得到有力打击。林业综合执法机构应当坚持权责一致，精简、统一、效能的原则，做到政策制定职能与处罚职能相对分开，技术检验职能与处罚职能相对分开。做出行政处罚前，林业主管部门法制工作机构应当对执法人员资格、法律适用、自由裁量权行使标准以及处罚程序等进行法制审核。结合行政体制改革，推进执法重心下移，强化县（市）一级林业综合执法力量的整合，改善基层执法设施和装备条件。加强对行政执法人员的岗位培训，加大法律专业人员和专业技术人员的配备比例，提高执法队伍的法律素质和专业水平，不断提高林业综合行政执法能力。

（十五）加强林业行政执法规范化建设。完善林业行政执法程序，规范林业行政执法检查和执法监督程序。建立行政裁量权基准制度，细化、量化行政裁量标准，规范行政裁量范围、种类、幅度，并向社会公开。编制行政执法流程图，向社会公开行政执法职权、行政执法主体、行政执法依据和监督方式。健全林业行政执法人员管理制度，严格实行执法人员资格管理制度，持证执法。规范和统一林业行政执法文书，完善林业行政执法案卷评查制度，林业主管部门法制工作机构负责开展林业行政执法案卷评查工作。规范林业行政执法数据统计，按照"谁执法，谁统计"的原则，由林业主管部门根据本地实际确定一个机构统一汇总、统计分析林业行政案件数据，确保数据的真实统一。建立林业行政执法过程全记录制度，强化现代科技、装备在林业行政执法中的应用，确保所有行政执法工作有据可查。加强林业行政执法信息化建设，推进网上执法办案系统建设。

（十六）健全林业行政执法与刑事司法衔接机制。建立健全行政执法与刑事司法相衔接的信息平台共享、定期通报等工作机制，主动与公安机关、检察机关、审判机关建立联席会议制度，充分发挥行政执法与刑事司法两个执法体系的作用。林业主管部门在查办案件过程中，不得以行政处罚代替刑事处罚，对符合刑事追诉标准、涉嫌犯罪的案件应当依法移送。上级林业主管部门发现下级林业主管部门不按规定向公安机关、人民检察院移送涉嫌犯罪案件的，应当根据有关规定及时处理。对案情复杂、疑难、性质难以认定的案件，可以就刑事案件立案追诉标准、证据的固定和保全等问题向公安机关、人民检察院咨询。

（十七）落实林业行政执法责任制。严格界定林业主管部门有关内设机构、岗位执法人员的执法责任。强化林业主管部门监督职能，开展林业行政执法层级监督，建立执法检查、重大案件督查等层级监督制度，定期进行执法监督检查。根据实际需要，主动与人大常委会、政府法制部门等开展专项法律法规联合执法监督检查。严格执法评议考核制度，分解执法职责，细化考核标准，考核结果作为执法人员奖励惩处的重要依据。建立责任追究制度，切实做到权责统一，用权受监督，违法受追究。

六、增强林业法治观念，有效预防化解矛盾纠纷

（十八）开展林业普法宣传。落实"谁执法，谁普法"的普法责任

制。制定林业普法规划和年度实施计划。根据林业实际，深入林区、深入基层，结合植树节、世界森林日、野生动物保护月、爱鸟周、湿地日、防治荒漠化日等，重点宣传森林法、野生动物保护法、种子法、防沙治沙法、农村土地承包法、自然保护区条例、森林和野生动物类型自然保护区管理办法等法律法规，加大对基层林业干部职工、林业生产者与经营者的普法宣传教育。抓好部门内部普法工作，特别是领导干部要坚持学法、模范守法。创新普法宣传教育形式，建立以案释法制度，加强普法讲师团、普法志愿者队伍建设，开展群众性普法工作。拓展普法宣传渠道，加强与新闻媒体的合作，提高普法实效。

（十九）健全预防化解纠纷机制。充分调动社会各方面力量参与涉林纠纷预防和化解工作。各级林业主管部门要及时收集分析热点、敏感纠纷信息，加强对群体性、突发性事件预警监测。通过走访、排查等多种形式，尽早发现涉林纠纷的苗头，将涉林纠纷解决在基层。建立健全调解、仲裁、行政裁决、行政复议和行政诉讼相互协调、有机衔接的多元化涉林纠纷化解机制，充分发挥不同制度解决纠纷的优势。建立健全农村林地承包经营纠纷仲裁机构，依法及时调解和仲裁农村林地承包经营纠纷。将涉林信访纳入法治化轨道，畅通诉求渠道，引导通过调解、仲裁、行政复议、行政诉讼等渠道，化解涉林纠纷。探索建立健全林业法律援助服务体系。

（二十）加强林业行政复议和应诉工作。严格执行行政复议法和行政诉讼法的规定。坚持依法复议，坚决纠正违法或者不当的林业行政行为，增加复议案件办理的透明度，提高行政复议办案质量。作出行政许可、行政处罚、行政强制、行政确认、信息告知等行政行为后，要提前研判复议应诉工作形势。林业主管部门对行政复议应诉工作中发现的问题，要及时提出规范和完善的建议；对林业主管部门工作人员失职、渎职问题，要依法追究相关人员责任。完善林业行政复议应诉内部工作机制，经过行政复议且复议改变原具体行政行为的，由林业主管部门法制工作机构为主进行应诉；没有经过行政复议或者经过行政复议但未改变原具体行政行为的，由林业主管部门业务工作机构为主进行应诉。建立林业主管部门负责人出庭应诉制度。尊重并严格执行生效的行政复议决定和法院裁决。实现通过行政复议、行政诉讼促进行政管理规范化、法治化。配备、充实行政复议应诉工作人员，切实提高行政复议、行政应诉人员素质，落实行政复议、行政应诉专项经费。

七、加强党的领导，全面提高林业主管部门依法行政能力

（二十一）落实主体责任。林业系统各级党组织要认真履行政治领导责任，党政主要负责人要履行推进林业法治建设第一责任人职责。林业主管部门要研究部署林业法治建设年度重点工作，每年至少举办一期领导干部法治专题培训班。林业主管部门每年第一季度要向本级政府和上一级林业主管部门报告上一年度部门法治建设情况，并向社会公开。林业系统各级党组织和领导干部要深刻认识维护宪法法律权威的重要性，要对法律怀有敬畏之心，牢记法律红线不可逾越、法律底线不可触碰，要带头遵守法律，带头依法办事。上级林业主管部门按照规定对下级林业主管部门、各级林业主管部门对内设机构和所属单位进行综合考核评价时，要将法治建设情况纳入绩效考核指标体系并确定合理权重。

（二十二）发挥林业法制工作机构作用。在林业法治建设工作中，法制工作机构要充分发挥组织协调、审核把关、监督指导、提供服务、考核评价作用，切实当好林业依法行政的参谋、助手。

（二十三）加强林业法制队伍建设。加快推进林业法制队伍专业化建设，优先招录或者调整具有法律专业知识的人员充实法制工作机构，保证法律专业人员在林业法制工作机构中占有一定的比例。积极推行林业主管部门法律顾问制度，建立以林业法制机构人员为主体，吸收法学专家和律师参加的法律顾问队伍。鼓励林业法制机构工作人员获得法律职业资格，设立公职律师。林业主管部门要充分发挥法律顾问、公职律师的作用，在讨论、决定重大事项之前，应当听取其意见。采取政府购买或者财政补贴方式，为法律顾问、公职律师开展工作提供必要保障。

（二十四）提高林业干部法治素养和法治能力。各级林业主管部门要把能不能遵守法律、依法办事作为考察干部的重要内容，加强对领导干部任职前法律知识考查和依法行政能力测试，在相同条件下，优先选拔使用法治素养好、依法办事能力强的干部。加强林业法制干部的林业专业知识和行政管理能力的教育和培训，加大林业法制干部的培养、使用和交流力度。完善林业主管部门学法用法教育培训制度，增加法治教育在林业系统各类培训中的比重，强化运用法律知识、法治思维和法律方法解决问题的能力。要把林业法治培训作为林业系统新入职人员和初任领导岗位培训必备内容，加强法治思维的培养和依法办事能力的训练。

各级林业主管部门要把贯彻落实本实施意见纳入重要议事日程，将林业法治建设工作摆在工作全局的重要位置，健全林业法治建设的领导体制和工作机制，制定实施方案，明确工作措施，确保各项部署落到实处。

图书在版编目（CIP）数据

林业促进乡村振兴的实践探索 / 高岚，林超，郑彬
编著 . —北京：中国农业出版社，2021.1
（广东乡村振兴典型案例系列丛书）
ISBN 978-7-109-27743-4

Ⅰ. ①林… Ⅱ. ①高… ②林… ③郑… Ⅲ. ①城乡建
设－林业经济－经济发展－研究－广东 Ⅳ.
①F326.276.5

中国版本图书馆 CIP 数据核字（2021）第 017442 号

中国农业出版社出版
地址：北京市朝阳区麦子店街 18 号楼
邮编：100125
策划编辑：闫保荣
责任编辑：王秀田
版式设计：王　晨　　责任校对：刘丽香
印刷：北京中兴印刷有限公司
版次：2021 年 1 月第 1 版
印次：2021 年 1 月北京第 1 次印刷
发行：新华书店北京发行所
开本：700mm×1000mm　1/16
印张：13.5
字数：200 千字
定价：50.00 元
